다시
희망을
그대에게

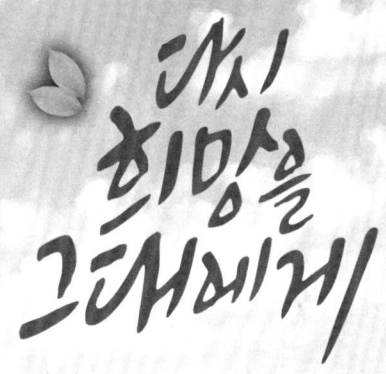

다시 희망을 그대에게

김태근 산문집

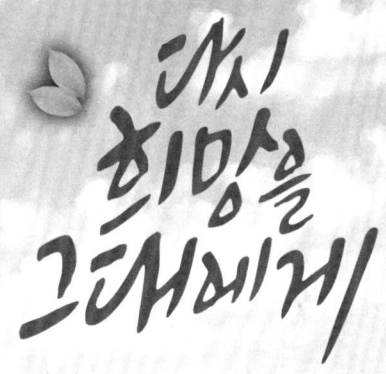

밥북
B·B·K

첫눈처럼 그대에게 '희망'이라는 이름을 선물하리라

오랜 시간 마음속으로 생각은 하고 있었지만 실천으로 옮기지 못했던 첫 산문집을 출간하게 되었다. 수십 년의 시간 동안 일기 쓰듯 노트에 적어 두었던 이야기와 지난 17여 년 동안 경남일보와 산청시대, 산청문학을 비롯해 신문이나 잡지에 실었던 글들이 책 한 권을 내고도 남을 정도로 쌓였고, 영화를 보고 쓴 후기와 문학기행을 다녀오고 나서 쓴 기행문, 평소 좋아하는 책을 읽고 느낀 감동을 써 놓았던 독후감과 문학회 활동을 하며 느꼈던 여운을 적은 글들이 책 몇 권을 내고도 남을 분량이었다. 그 글들을 화단 가꾸듯 다듬어서 한 권의 책으로 엮었다. 밤마다 다시 읽어 보니 서툴고 걸리는 부분이 많아서 마음은 편치 않았다. 하지만 누군가는 투박하고 설익은 나의 글에 공감하며 글을 쓸 수 있다는 용기를 낼지도 모른다는 생각이 들었기에 감히 세상에 내놓는다.

이 한 권의 책을 선보이기까지 많은 시간을 함께 동고동락해 주신 경남의 문인들과 산청군과 산청문인협회 윤덕 회장님과 문인들께 감사를 드린다. 늘 천 리 길을 달려와 용기를 북돋워 주신 용혜원 시인님과 나태주 시인님, 김남권 시인님과 최영아 작가님의 꽃 같은 말씀에 다시 새로운 발걸음을 내딛는다. 든든한 시댁 식구들과 친정 식구들, 늘 버팀목이 되어주는 가족 같은 반해경 고문님, 김민숙 회장님과 우리 한예원 식구들, 전국의 아름다운 시낭송가들과 수강생님들, 나의 다정한 친구들에게 감사의 마음을 전한다. 또한 나의 영원한 스승이신 권태현 스승님과 차건수 은사님, 한예원을 후원해 주시는 고마운 분들과 언제나 보이지 않는 곳에서도 응원해 주시는 분들께 감사의 인사를 드린다. 지금 이 순간에도 살아가는 이유가 되어주고 나를 믿고 묵묵히 응원해 주는 사랑하는 남편과 딸, 새아가와 아들과 현민이가 참 고맙다.

글을 쓰는 일이 여전히 서툴지만 오늘도 내 모국어로 나를 기록한다. 나의 삶을 가장 잘 이해하고 표현할 수 있고, 그 누구에게도 상처 주지 않으며 내면을 치유할 수 있는 길이 글을 쓰는 일이다. 누군가에게 작은 위로가 되기를 바라는 마음과 스스로에게 부끄럽지 않기 위해 글을 쓰며 문학인으로서 삶을 영위하고 있다. 세상에서 가장 아름다운 문자 한글로 글을 쓸 수 있으니 이 얼마나 행복한 삶인가?

첫눈 오는 날, 나는 첫 산문집을 들고 그대에게 갈 것이다.
첫눈처럼 순수한 그대에게 '희망'이라는 이름을 선물하기 위해 수줍게 다가갈 것이다.

지리산 자락 산청에서 희망을 노래하며
2025년 늦가을, 김태근 쓰다

5

김태근 시인의 산문집 『다시 희망을 그대에게』는 자기 삶을 진솔하게 살아온 한 사람의 사유와 철학, 30년간의 문학인으로서 인생의 담론이 고스란히 녹아 있다. 시인으로 시낭송가로 교육자로 살아오면서 힘든 고비를 몇 차례 넘기고, 사랑하는 사람들을 갑자기 떠나보내는 아픔을 겪어내며 입술을 깨물고 버텨낸 상처의 흔적들이 곳곳에 지뢰처럼 드러나 산문을 읽는 동안 감정이입이 되어 눈물을 흘릴 수밖에 없었다.

그동안 남들에게는 늘 밝은 미소와 높은 문학적 에너지로 기운을 주는 분이었기에 그가 안고 있는 내면의 슬픔들을 감히 짐작도 못했다. 그래서 김태근의 문장이 주는 울림들이 더욱 크고 깊게 와 닿은 것이라 생각한다. 날마다 시로 스스로에게 좋은 기운을 불어넣으며 하루를 시작하고, 30여 년가량 지역에서 봉사활동을 하며 나눔의 삶을 실천하고 독서와 영화관람, 문학기행, 시낭송 콘서트를 통해 '문화전도사'의 길을 꾸준히 걷고 있는 김태근 시인의 여정은 빛을 소금으로 만드는 우리 사회의 아름다운 연꽃이라 생각한다. 김태근의 호가 '연당'이라는 사실도 이와 무관하지 않은 듯싶다.

2022년 산청에 한국문화예술교육원을 설립하여 인문학 강좌와 문학콘서트 및 다양한 문화예술활동을 몸소 실천하고, 문학심리상담사로서 상처받은 사람들의 마음을 시낭송으로 치유하며 문화운동에 앞장서고 있는 김태근 시인, 그의 첫 산문집 『다시 희망을 그대에게』는 우리 모두에게 새로운 삶의 희망과 메시지를 찾게 하는 절박한 이유가 될 것이라 믿는다.

김남권(시인, 계간 '시와지혜' 발행인)

차례

제1부 일상 속의 희망

제2부 문학기행기

제1부

일상 속의 희망

꿈꾸는 수필隨筆

수필 작법에 대한 공부를 하다 보면 우리나라에서 수필이란 말을 처음 쓴 사람은 영·정조 때, 실학파의 대가인 박지원으로 그가 쓴 유명한 『열하일기熱河日記』 중 「일신수필」이라는 글에서 유래 되었다는 것을 알 수 있다. 서양에서는 넓은 의미에서 수필과 비슷한 것으로 에세이Essay가 있다. 굳이 수필과 구별하자면, 에세이는 양옥집이요, 수필은 한옥집이라 여기면 될 것이다. 본래 에세이는 '시험해 본다', '의도한다'의 뜻을 내포하고 있다. 서양에서 이러한 의미를 자기 작품에다 처음으로 시도한 사람은 '몽테뉴'라고 한다.

수필의 한자는 '따를 수隨'와 '붓 필筆' 자의 합자이다. 붓을 따르는 글로서 붓 가는 대로 쓰는 글이다. 그렇다고 하여 아무 생각 없이 제멋대로 써도 된다는 말은 아니다. 머리로 생각하되, 어떠한 형식에도 구애받지 않고 '자유롭게 쓰는 글'이라는 뜻이다. 즉, 무형식의 글이라고 책에서는 정의하고 있다. 시, 시조, 소설, 희곡은 나름의 형식을 갖추고 있다. 하지만, 수필은 이와는 달리 무형식의 장르라는데 그 특징이 있다. 결국 수필은 자유로운 마음의 산책이며, 인생과 자연의 사상事象을 자유롭게 표현하는 산문학散文學이라 할 수 있다. 내가 수필에 매력을 느끼는 가장 큰 이유가 바로 여기에 있다. 시나 시조를 어려워하는 이유도 여기에 있다. 시조처럼 정해진 글자 수를 맞추어서 쓰려고 하다 보면 뜻하는 바를 몇 글자 속에 함축하기가 힘이 든다. 반면에 수필은 글자 수에 제한받지 않고 자유롭게 쓸 수 있어 접근하기가 수월하다. 시나 시조를 쓰는 이들을 우러러볼 수밖에 없는 이유가 여기에 있다.

나는 수많은 수필의 종류(서정수필, 사경수필, 서사수필, 서간문, 일기문, 기행문, 칼럼 등) 중에서도 서정수필(감정 경험을 주로 하여 쓴 글)을 좋아한다. 그런 훌륭한 수필을 써보려고 흉내라도 내어 보려고 용을 쓰기도 한다. 때로는 감히 칼럼(신문의 정기적인 단평란을 말하며, 글이 짧지만, 어떤 글보다 필자의 재치와 주제가 분명해야 하며, 의견이나 감상을 발표하듯이 쓴 글)을 탐내어 보기도 한다.

그 이전에 '수필감상隨筆感想'은 필수적이라고 생각된다. 이는 다른 사람의 수필을 읽고, 그 가치를 깊이 음미하는 것이다. 독서讀書, 사고思考, 습작習作, 이것이 좋은 글을 쓰기 위한 3대 요소라면, 독서는 곧 '감상작업'을 뜻한다고 할 수 있다. 타인이 쓴 글을 깊이 있게 이해하고, 그 이해가 자신의 사고를 통할 때 사물과 인생에 대한 안목까지도 깊어지기 마련인 것이다. 책을 통해서라도 그들의 삶과 사상 속을 마음껏 여행할 수 있음은 우리네 삶의 또 다른 행복이 아니겠는가?

수많은 수필집들과 수필가들을 통해서 오늘도 꿈을 꾼다. 한 권의 책(수필집)을 쓰는 꿈 말이다. 생이 다하기 전에 이 꿈을 이루고 싶다. 다른 이들이 내가 쓴 글을 읽으며, 공감대를 느끼고 작은 위로라도 받게 된다면 참 좋겠다. 또한 지금의 나처럼 밑줄이라도 그어 가며 읽어준다면 더 무엇을 바라겠는가?

　말은 바람처럼 사라지고 잊혀지겠지만, 글은 밤하늘의 별처럼 마음에 새겨지는 것이라고 하였다. 늦었지만 책을 쓰고픈 소망 하나 가슴에 야무지게 품고 살아가기에 어떠한 어려움 앞에서도 튼튼할 수 있으리라.

갑자기 떠난다는 것에 대하여

　새하얀 목련꽃이 눈부시게 피어나 해를 따라 오가는 이들의 발걸음을 멈추게 하는 봄날, 달빛처럼 고운 목련꽃을 시샘하듯 봄비가 한바탕 스치고 지나가자 목련 꽃잎은 금세 바래버리고 말았다. 그렇게 하루 이틀이 지나고 꽃샘바람이 불어오자 목련꽃은 꽃비가 되어 분분하게 쏟아져 내렸다. 목련은 한겨울 한파 속에서도 꽃봉오리를 안고 버텨왔지만, 꽃 핀 지 채 일주일도 견디지 못하고 지고만 것이다. 이렇게 짧은 순간을 머물다 가려고 그 긴 겨울을 견뎌낸 것이냐고 물어보고 싶었다. 짧은 순간 떠나버리면 남은 사람들은 어떻게 살아가라고 하소연해봐도 소용이 없었다. 기별도 없이 떠나버리면 어쩌란 말인가? 또 얼마만큼의 시간을 정처 없이 기다려야 순백의 그리움을 안을 수 있단 말인가.

　차마 말문이 막혀 말이 나오지 않았다.

　나는 누군가 갑자기 내 곁을 떠나는 것에 대한 트라우마가 있다. 자연이든 사람이든 갑자기 떠나는 것을 못 견디는 편이다. 이 찬란한 봄날, 목련꽃의 낙화도 내가 견딜 수 없는 슬픔 중에 하나다. 내가 세상에서 가장 존경하는 아버지가 갑자기 하늘나라로 떠나버렸을 때도 그랬고, 딸아이가 태어난 지 채 두 달도 살아보지 못하고 영영 먼 길을 떠나버렸을 때도 그랬다.

　세상에서 유일한 내 편이었고, 어린 나를 볼 때마다 장차 큰사람 될 것이라며 애정을 쏟아주셨던 아버지가 갑자기 내 곁을 떠난다는 사실은 참으로 견디기 힘든 일이었다. 그리고 아직 어린 딸아이를 보내는 일은 죽을 만큼 고통스러운 트라우마가 되었다. 가슴 속에서는 도저히 보내줄 수 없는 고통스러운 피눈물이었다. 사망신고까지 마쳤지만 나는 매일매일 딸아이를 찾아 거리를 헤매고 다녔다. 세상의 절벽에 선 심정이 되어 어떤 날은 텅 빈 교회에서, 또 어떤 날은 작은 암자에서 혼자 소리 내어 울었다. 때로는 지리산 고사목에 기댄 채 끝 모를 눈물을 쏟아 내었다. 딸아이를 지켜주지 못한 나약한 어미였다는 죄책감에 휩싸여 지리산 고사목에 기대어 흐느껴 울었다. 그렇게 한동안 넋을 놓고 있을 때 생전의 시아버님께서 내 손을 꼭 잡아 주시며 말씀하셨다. "에미야, 고마 보내주거라. 그래야 그 아이도 지 갈 길을 가는 기라" 그러나 나는 그날 이후로도 아무리 마음을 다져보아도 일상적인 삶을 살 수가 없었다. 남편이 남몰래 숨어 우는 내 모습을 바라보면서, 겨우 말을 배운 세 살 난 아들이 "엄마, 울지 마세요" 하면 정신을 바짝 차렸다가도 또 넋을 놓아버렸었다.

　그러던 중 다시 기쁜 소식이 날아왔다. 딸아이를 떠나보낸 슬픔을 고귀한 생명으로 치유하라고 새로운 아이를 보내주신 것이었다. 그 후로 우리 부부는 아픔의 눈물이 아닌 기쁨의 눈물을 흘리게 되었다. 그렇게 캄캄한 지옥의 터널을 빠져나와 일상으로 돌아올 수 있었다. 새로 내게 온 아이는 하늘이 준 가장 큰 선물이었다. 우리 부부는 이만큼의 현실에 그저 감사하는 마음으로 살았다. 그렇게 태어난 두 번째 딸아이가 내 생명의 은인이 되었다. 그 존재만으로도 얼마나 감사하고 기쁜 일인지 모른다. 두 번째 딸아이가 세상에 온 후론 눈만 뜨면 감사의 기도가 절로 나왔다. 살아 있음에 감사하고 아들, 딸이 건강하게 학교에 다니고 있음에 감사했다.

아직도 나는 갑자기 떠나는 것에 대한 트라우마가 사라지지 않았다. 무엇인가가 갑자기 떠나는 것에 대하여 가슴이 철렁 내려앉으며 말할 수 없는 지독한 진통을 느낀다. 누구나 그러하겠지만 나는 더 심하게 가슴앓이를 하는 편이다. 꽃 진 자리에 열매가 맺는다는 말을 위안으로 삼아 보지만 꽃이 져도 가슴이 아린다. 아직도 여전히 서툴기만 한 삶이라 갑자기 떠나는 것에 대하여 힘겹기만 하다. 다 잊었는가 싶어도 가슴 깊은 곳에 묻어두고 마음으로는 잊지 못하고 살아가는 것이었다. 해마다 하얀 목련꽃이 지는 모습에 지독한 가슴앓이를 하는데, 곧 벚꽃이 피어날 기세다. 올해도 저 벚꽃이 피었다가 지면 또 얼마나 눈물이 나고 그리울까? 벌써부터 가슴이 먹먹해진다.

내 생애 가장 큰 아픔

20여 년 전 하늘이 무너지는 슬픔 앞에 정신을 놓아버렸던 적이 있었다. 그 당시에는 너무나 아파서 말도 못 꺼냈지만 이젠 지난날의 트라우마를 꺼낼 용기가 생긴다. 태어난 지 한 달 십팔 일 만에 소중한 딸 아이를 하늘나라로 보내게 되었다. 갑자기 잘 먹던 우유를 먹지 않기에 서둘러 병원엘 갔다. 모든 검사를 마치고 조마조마하는 가슴으로 아무 탈 없게 해 달라고 기도했다. 두어 시간을 기다려 나온 결과는 다행히 이상이 없다는 것이었다. 안심하기도 잠시 딸아이는 여전히 기운이 없었다. 그렇게 서서히 작은 몸부림도 하나 없이 무심하게도 우리 곁을 떠나버렸다. 숨이 멎는 듯한 아찔함을 느꼈다. "사망했습니다"라는 담당 의사의 말에 "그럴 리가 없어요. 이상이 없다면서요"라며 남편과 나는 따지듯이 소리쳤다. 그러다가 의사한테 미친 듯이 매달려서 "제발 살려 주세요" 안간힘을 써 보았지만 아무런 소용이 없었다.

하늘은 왜 하필 우리 아이를 데려가는지 원망스럽기만 했다. 우리 부부가 받아들이기엔 너무나도 가혹한 현실이었다. 죽음 앞에서는 나약할 수밖에 없는 인간의 한계에 화가 났다. 출생 신고를 한

지 얼마나 됐다고 지푸라기라도 잡고 싶은 심정이었다. 면사무소에서 사망신고를 하던 날 남편과 나는 가슴이 아려서 견딜 수가 없었다. 더는 흘릴 눈물도 없을 것 같았는데 또다시 짐승처럼 울부짖었다. 세상이 온통 다 깜깜하기만 했다. 어딘가에서 딸아이가 분명히 살아 있을 것만 같았다. 깊은 산중 정취암에서, 교회 앞마당에서 떠난 딸아이를 찾아 헤맸다. 하지만 내 딸아이는 그 어디에도 없었다. 울다 지쳐 멍하니 앉아 있으면 3살 된 아들이 고사리 같은 손으로 내 손을 잡으며 '어-엄-마 울지 마' 하며 울었다. 번쩍 정신을 차렸다가도 금방 넋을 놓아버렸다. 아들 앞에서 우는 것이 미안해서 하루는 아무도 없는 곳을 찾아가서 목 놓아 울었다.

지독하게 그 아이를 그리워하며 지옥 같은 하루하루를 보냈다. 사 개월 정도 지난 어느 날, 우리에게도 기뻐서 우는 날이 찾아왔다. 하늘로 떠난 딸아이의 동생이 선물처럼 내게 온 것이었다. "임신입니다"라고 말씀해 주시는 의사 선생님이 마치 위대하신 하나님 같았다. "감사합니다" 하며 절을 열 번도 더 했다. 아, 세상엔 영원한 밤도 없고 영원한 낮도 없다는 말이 맞구나.

그날 이후 나는 예전처럼 다시 일상으로 돌아올 수가 있었다. 하지만 출산한 지 오 개월도 채 안 되어서 또 임신하게 됐으니 몸에는 당연히 무리가 갔다. 게다가 전치태반이라 수시로 하혈을 했다. 그럴 때마다 유산이 되는 건 아닌가 하며 불안에 떨면서 일하다 말고 놀란 가슴으로 뛰어온 남편과 응급실로 달려가곤 했다. 이 상태로 하루라도 더 경과되면 산모도 아기도 위험하다는 의사 선생님의 판단을 믿고 9개월이 되려면 아직 10일을 더 있어야 하는데도 수술대에 올라야만 했다. 마음을 비우고 건강한 아이만 낳게 해 달라고 간곡히 기원하면서 제왕절개수술을 하게 되었다.

1998년 2.3kg의 여자아이가 태어났다. 나는 출혈이 심해서 수혈을 하여 2주 후에 몸을 회복할 수 있었다. 하지만 아이는 3주 동안이나 인큐베이터 안에 있어야 했다. 제발 살아서 숨 쉬게 해 달라고 빌고 또 빌었다. 시댁 어른들은 물론이고 주위 사람들도 우리를 위해 기도를 해주었다. 덕분에 무사히 인큐베이터를 벗어날 수 있었다. 아무 탈 없이 백일이 지나가고 돌이 되었다. 그날 너무나 기뻐서 하루 종일 아이를 업어주었다. 그 구세주 같은 아이가 벌써 성인이 되었다.

딸아이는 어릴 때부터 '연예인'이 꿈이라며 옷 색상과 헤어스타일에 무척 관심이 많았다. 눈에 넣어도 안 아플 만큼 예쁘고 사랑스럽다. 떠난 딸아이처럼 훌쩍 사라져 버리지 않고 우리 곁에 살아서 같은 땅을 밟고 같은 공기를 마시고 있기에 정말 고맙다. 아침에 눈을 떠서 두 아이의 얼굴을 확인하면 세상 모든 것이 감사하고 행복하다. 내 안에 품고 있던 수많은 욕심도 모두 사라져 버린다. 그 어느 부자도 부럽지 않고 마음이 넓어진다. 살다 보면 삶의 무게가 육신을 짓누를 때가 있다. 그럴 때면 자식을 가슴에 묻은 슬픔에 견주게 되고 '이런 고통쯤이야' 하면서 견뎌내게 된다.

  만산홍엽으로 우리를 유혹하는 이 가을에 나와 비슷한 아픔으로 아파하며 잠 못 이루는 이들에게 나도 그런 아픔을 겪었노라고, 그래도 죽지 않고 살아서 견디고 있노라고 말해주고 싶다. 그리고 그들이 용기를 잃지 않고 살아갈 수 있도록 손을 잡아 주고 작은 위로가 되고 싶다.

내 생애 최고의 편지

새벽녘에 잠에서 탈출하여 무섭도록 고요함에 취해본다. 그 누구도 다녀가지 않는 새벽하늘을 독차지한 채 상큼한 공기를 만끽하니 만석꾼 부자도 부럽지 않다. 문득 편지 상자를 열고 내 삶의 힘이 되어준 편지를 꺼내 본다. 틈만 나면 서재에서 먹을 갈고 계셨던 당신의 얼굴이 사무치게 그리워진다. 기억해 내려 애를 써 보아도 웬일인지 인자하셨던 당신의 눈과 코와 입이 잘 떠오르지 않는다.

당신이 폐암으로 세상을 달리하신 지 벌써 16년이나 흘렀다. 이제는 당신의 모습조차 가물가물하지만 내겐 당신이 주신 값진 선물이 남아 있기에 두고두고 위안이 된다. 내가 고등학생 때의 일이다. 학교로 날아든 아버지의 편지 한 통, 반가운 마음도 컸지만 한자가 많이 쓰여 있어 '옥편을 찾아가며 읽어야 하나?' 하는 걱정이 앞섰다.

그래도 수분지족守分知足이란 사자성어 밑에는 밑줄을 그어서 사전을 찾아보았는지 해석을 하고 글을 써 두었다. '자신의 분수를 지키면 만족할 줄 알게 된다'라고 빨간 색깔의 볼펜으로 쓰여 있었다. 넉넉한 집안 사정이 아니라 미안하다는 내용과 학생의 본분에 충실하라는 당부가 주를 이루었다.

　이 철없는 다섯째 딸을 얼마나 걱정하시면서 한 자 한 자 쓰셨을까? 딸 다섯 후에 얻은 귀남이(남동생)만을 애지중지 과보호하시는 어머니와는 달리 당신께서는 우리 육 남매에게 골고루 관심을 가져 주었다. 자식에게 끝없이 주기만 하셨던 아버지의 깊은 사랑을 그 때는 어찌 그리도 몰랐을까? 그 당시에 아버지께서 뜻하시는 말씀을 가슴 깊이 새겼더라면, 더 노력하며 살았더라면, 나의 꿈을 이룰 수 있었을 텐데, 하는 늦은 후회가 든다. 두 아이의 엄마가 된 지금에서야 당신의 말씀이 이해가 되니 안타까울 따름이다. 내가 불혹의 늦은 나이에도 배움의 끈을 움켜잡고 있음은 당신의 가르침을 조금이라도 깨달았기에 가능한 것이리라.

　아버지께서는 몸이 아프실 때도, 폐암 말기 선고를 받았을 때도, 그 무엇도 그 누구도 탓하지 않으셨다. 차라리 거짓말이었으면 하고 바라보는 이 엄청난 사실 앞에서도 당신은 큰 흔들림 없이 순순히 현실을 받아들이셨다. 그런 상황에서도 "그래도 숨은 쉴 수 있다잖아" 하시며, 슬퍼하는 가족들을 오히려 위로하셨다. 예전에 어머니께서 장에서 딸기를 사 오시면 "나는 딸기는 좋아하지 않는다"면서 자식들에게 하나라도 더 먹이셨다. 하지만 투병 생활을 하실 때는 어찌나 딸기를 맛있게 드시던지 다들 놀라워했다. 아버지께서 계시는 부산 고신의료원에 갈 때마다 나는 딸기를 사 들고 갔다. 머리카락이 하나둘 사라지고 떨리는 손으로 딸기를 드시는 모습을 보면서 병원 화장실에 가서 얼마나 흐느끼며 눈물을 흘렸는지 모른다.

가장이라는 이름으로 속으로만 아파하시며 짊어지고 온 그 인고의 세월을 어찌 다 헤아릴 수가 있겠는가? 아버지는 자식들 앞에서는 언제나 흔들림이 없었고, 타인에게도 배려할 줄 아는 분이셨다. 넉넉한 형편은 아니었지만, 이러한 내공은 아무도 흉내 낼 수 없는 당신만의 커다란 자산이었다.

힘들고 캄캄한 현실에서 무사히 빠져나와 일상으로 돌아올 수가 있었던 것은 남편의 사랑뿐만 아니라 당신의 따뜻한 피가 내 몸속에 흐르고 있었기 때문이다. 한학을 하시며 주위 분들에게 무료로 한문 지도를 하시던 모습이 눈에 선하다. 내 아버지가 내게 그러했듯이 언젠가는 야무지게 마음먹고 내 아들딸을 향해 먹을 갈고 붓을 잡아보리라. 단순히 생일 때 쓰는 축하 편지가 아니라 아주 특별한 편지를 써 보리라.

그 편지가 아들, 딸에게 생애 최고의 편지가 되기를 꿈꾸면서.

내 생애 최고의 만남

그를 처음 만난 것은 마산회원구 합성동에 있는 '커피가 있는 풍경'에서였다. 나와 입시학원을 함께 다니던 그의 여동생 소개로 만나게 되었다. 뒤늦게 알게 된 사실이었지만, 첫 만남이 있는 날 그는 같은 학과 후배들과 배구를 하다가 팔을 다쳐서 깁스를 한 상태였다고 했다. 늦가을이라 겉옷으로 가려서 그 당시에는 전혀 눈치를 채지 못했다. 그는 가끔 "팔까지 다쳐서 만나러 나간 걸 보면 우리는 천생연분인가 보다"라는 말을 하며 웃었다.

첫 만남 후, 그가 데이트를 신청했을 때 의도적으로 살짝 튕기긴 했지만, 실은 처음 본 순간부터 갓 제대한 복학생인 그에게 마음이 끌렸다. 시골 출신답지 않게 잘생긴 얼굴과 뽀얀 피부와 적당한 몸집과 특히, 절대로 나쁜 짓은 안 할 것 같은 선한 눈빛과 인상이 참 좋았다.

그 후 친구처럼 애인처럼 우리의 만남은 5년간 지속되었다. 언젠가는 헤어지기가 싫어서 그가 다니는 대학교에서 내가 살고 있는 곳까지 손을 꼭 잡고 걸어가기도 하였다. 시내버스로 한 시간 거리인데도 가깝게 느껴졌다. 그의 친구들과 그가 좋아하는 야구 경기장이나 당구장엘 함께 가기도 했고, 내가 좋아하는 영화관이나 서점도 누비며 데이트를 즐겼다. 우리는 그렇게 서로를 조금씩 알아가며 사랑과 추억을 차곡차곡 쌓아 나갔다.

하루는 그가 갑자기 연락해서 시골에 계시는 어머니께서 여동생과 그가 살고 있는 마산 집으로 오셨다며 만나보자고 권하였다. 어렵게 그의 어머니를 뵙게 되었다. 나름대로 다소곳이 절을 올렸다. 나를 며느릿감으로 썩 달가워하시는 것 같지는 않았다. 자식 욕심이 유난히 많으신 어머니의 마음도 이해가 갔다. 나는 마음이 무거웠지만 예를 갖추어 자리한 후 그의 집에서 나왔다.

내 곁에서 말없이 걷던 그는 "내가 알아서 할 테니까 신경 쓰지 마라"면서 잡은 손에 힘을 주었다. 우리 집에 인사를 갔을 때도 아직 안정적인 직장이 없는 그를 썩 내켜 하지 않았다. 이런 현실이 막막했다. 그 후론 그와 난 만남이 뜸해지고 멀어지기 시작했다. 그렇게 누가 먼저랄 것도 없이 우리는 이별하게 되었다.

나는 '그냥 잊어버리자, 좋은 추억으로 간직하자'며 수없이 다짐하였다. 아무리 보고 싶어도 혼자 꾹 삭이며 그를 찾지 않았다. 그것이 그를 위하는 길이라 판단했다. 그러던 어느 여름날에 그로부터 전화가 걸려 왔다. 뛸 듯이 반가웠지만, 내색하지 않고 감정을 숨겼다. "왜 전화했냐?"라는 퉁명스러운 나의 질문에 그는 대뜸 "우리 결혼하자. 너 아니면 안 되겠다"라고 하는 것이었다. 내 귀를 의심하는 찰나 재차 그 말을 반복하며 저녁에 퇴근하면 무조건 만나자고 했다.

그렇게 그와 나는 우리가 처음 만났던 그 카페에서 재회하게 되었다. 하얗던 얼굴이 까맣게 그을리고 수축한 그에게 속마음과는 달리 "피서를 야무지게 다녀왔나 봐요"라고 무뚝뚝하게 말을 던졌다. 그의 대답은 놀라웠다. "어머니가 돌아가셨어. 교통사고로. 장례식 마치고 네가 보고 싶어서 달려왔어"라고 하였다. 순간 머리가 띵했다. 겨우 오십을 넘긴 어머니께서, 그 정정하시던 어머니께서 돌아가셨다니 도저히 믿어지지 않았다. 작년에 그렇게 만난 것이 어머니와 나의 처음이자 마지막 만남이 될 줄은 꿈에도 몰랐다.

그다음 해 그는 농협에 취직을 했고 양쪽 집안 어른들과 상견례를 하였다. 어머니의 기일을 보낸 후에 결혼식을 올려야 좋다고 하는 어르신들의 말씀에 따라 어머님의 첫 제사를 모신 후, 1995년 7월 2일 한여름에 우리는 결혼식을 올렸다. 그리하여, 산청군 신등면 사정마을에서 우리는 신혼의 단꿈을 꾸기 시작했다. 하지만, 언니가 네 명이나 있는 집에서 자란 나는 밥도 한번 안 해 본 채 시아버지를 모시게 되어 엄마와 언니들의 걱정이 태산이었다. 나는 내가 사랑하는 남자의 아버지라는 이유만으로도 충분히 아버님이 좋았다. 시골 생활도 시아버님 모시는 일도 내겐 아무런 걸림돌이 되지 않았다. 모든 것이 자신이 있었다. 노심초사하시는 엄마께 걱정 끼칠까 봐 음식 솜씨 좋고, 이해심 많은 큰언니에게 수시로 전화를 걸어 반찬 만드는 법 등을 물어보았다. 큰언니는 시아버님이 좋아하시는 반찬을 아예 손수 만들어서 택배로 보내주기도 하였다. 그렇게 철없는 며느리와의 동거생활이 아버님도 얼마나 힘들었겠나? 14년이 흐른 지금에야 그런 생각이 든다.

  큰아이를 임신했을 때의 일이다. 남편이 농협 사원 교육을 일주일이나 가게 되었다. 밤은 깊어만 가고 책을 읽어 보아도 혼자 있으니 무서워서 잠을 이룰 수가 없었다. 밖에서 이상한 울음소리도 들리는 것 같고 귀신이 나타날 것만 같았다. 이리저리 뒤척거리다가 시계를 보니 새벽 세 시가 지나버렸다. 결국 나는 베개를 들고 아버님 방으로 가서 곤히 주무시는 아버님을 흔들어 깨웠다. "아버님! 아버님!" 하고 불렀더니 깜짝 놀라며 일어나 앉으시더니 "아가야! 무슨 일이고?" 하셨다. "무서워서 잠이 안 와서예…" 했더니 그때야 "오−냐, 친정아버지라 생각하고 여기서 푹 자거라" 하셨다. 나는 그렇게 시아버님을 잠에서 깨워 놓고는 잠자리까지 빼앗아서 용감하게 잠에 곯아떨어져 버렸다. 그때 철없는 며느리 때문에 아버님이 얼마나 황당하셨을까? 나중에 들었지만 아버님께서는 그날 잠을 이루지 못하셨다고 하였다.

다음 날 아침, 밥상 앞에서 아버님이 "아가야!! 아범이 운제(언제) 오노(오니)?"라고 물으셨다. 일주일 후에 온다고 했더니, 마산 언니네 가서 쉬다가 아범 오는 날에 맞춰오라고 하셨다. 마산에 산부인과도 가보라며 용돈까지 챙겨 주셨다. "괜찮아예. 아버님" 했지만, 속으론 감사해서 어쩔 줄을 몰랐다. 그날, 아버님과의 하룻밤을 깨알같이 적어서 MBC 라디오 여성시대에 사연을 보냈다. 그랬더니 채택이 되어서 방송도 타고, 첫아이 출산준비물을 무료로 받는 행운까지 얻었다. 가족들과 "배 속 아이가 복덩이인가 봐" 하며 좋아했던 기억이 지금도 생생하다.

우리 첫 아이가 세상에 나와 아버님의 첫 손자로 안겨드렸기에 아버님께서는 종종 아들을 업고 동네 사람들에게 자랑하러 다니시곤 하셨다. "우리 손자 함 보소. 눈, 코, 입 한 군데도 빠지는 데가 없잖소" 하시며 마을을 누비셨다. 점잖으신 성격이신데 손자 자랑만은 남달랐다. 남한테 실수하는 법이 없는 분이 술만 드시면 잘 알지 못하는 구슬픈 노랫가락을 울부짖듯 한탄하듯 부르시다가 그대로 잠들곤 하셨다. 먼저 가신 어머니에 대한 그리움을 술의 힘을 빌려서 표출하시는 것 같았다.

2년 후 아버님께서는 우여곡절 끝에 재혼을 하게 되셨다. 우리는 자연스럽게 결혼하면서 사 두었던 아파트로 분가하였다. 몇 년이 지난 후에 아버님께서는 갑자기 간암 판정을 받았고, 2년가량 투병

하시다가 어머니 곁으로 빨리 가고 싶으셨는지 세상을 떠나셨다. 미운 정 고운 정 다 든 아버님을 보내드리던 겨울날, 쉴 새 없이 소복소복 내리는 눈만큼이나 눈물을 쏟았다. 아버님을 잘 모셨다고 시댁 식구들이 지금도 내게 특별대우를 해주신다. 하지만, 생각해 보니 아버님께서는 딸 한 명 더 키우는 심정이셨을 것이다. 오히려 내가 아버님과 함께 살면서 많이 배우고 철이 조금은 들었나 싶다.

요즘은 이 현실이 마냥 감사하다. 남편은 직장생활 잘하고 있고, 외모는 물론이고 남편의 성격까지도 쏙 빼닮은 아들은 학창시절엔 성적우수 장학금으로 기부도 종종 하였다. 말괄량이 예쁜 딸아이는 오빠와 함께 색소폰 연주로 집안의 분위기를 화기애애하게 한다. 이 소중한 행복 모두가 하늘에 계시는 아버님, 어머님의 보살핌이란 생각에 늘 감사할 따름이다.

아버님의 제사를 모시고, 쓰러져 잠든 남편의 얼굴을 보고 있자니 가여운 맘이 든다. 누군가 '측은지심'이 가장 큰 사랑이라고 했던가? 피곤함에 지쳐서 '드르렁 드르렁' 코를 고는 이 남자를 나는 사랑한다. 힘을 쓰고서도 힘을 얻을 수 있고, 주고서도 기쁜 것은 이 남자를 사랑하는 덕분이다. 평소엔 무뚝뚝하고 가끔은 내 속을 상하게도 하지만, 우리 집 기둥이 되어 주는 이 남자가 참 고맙다. 둘째 아이를 하늘나라로 보내야만 하는 슬픔 앞에서도 나를 일으켜 주었고, 끝까지 믿어주었고, 일상으로 돌아올 수 있게끔 끊임없이 배려해 준 이 남자가 참 고맙다.

이제는 내 인생에 이 남자와 아들, 딸이 없는 삶은 상상조차 할 수 없다. 그럼에도 늘 투정만 하고 잘해주지 못해서 미안하다. 이 남자를 선택한 것은 내가 살아오면서 가장 잘한 일이라는 생각이 든다. 세상에서 가장 소중한 아들과 딸을 탄생시켰으니 말이다. 이 남자와의 만남은 내 생애 최고의 만남이라고 새벽하늘의 별들에게 자랑해 본다.

다시 희망을 그대에게

사람은 누구나 몇 권의 소설책 같은 사연을 품고 살기 마련이다. 거친 산을 잘 넘었는가 하면 또 산을 만나는 것이 삶이다. 그러므로 우리는 또다시 거친 산을 만나도 새로운 마음으로 다시 희망을 가져야 한다. 미움의 대상인 사람에게도 다시 기회를 주고 다시 시작할 용기를 주어야 할 것이다.

'코로나19'가 지역사회까지 거세게 뒤흔들고 있는 때이다. '코로나 블루'까지 덮쳐서 힘들고 우울한 사람들이 더 많아지고 다투고 아파하는 이들이 상상 이상으로 늘어나고 있다. 정서적 거리는 가까워야 한다고 하면서도 물리적 거리두기로 마음까지 멀어지는 경향이 있음을 부인할 수 없다. 그래도 자연의 이치를 보며 다시 깨우쳐야 하리라. 꽃이 지고 나면 열매를 맺듯이 한고비 지나고 나면 더 큰 결실이 있으니 이 얼마나 다행스러운가? 오늘 울고 나면 내일은 웃을 수 있으니 그나마 참으로 다행이지 않은가? 이 또한 지나가리니 서로를 토닥이고 스스로를 토닥이며 견디는 수밖에.

내가 어떤 잘못을 저질렀을 때, 용서해 주며 모든 것이 너의 잘못은 아니라고 말해 주는 사람, 그러면서 다시 기회를 주는 사람, 다시 시작하자고 말해 주는 사람, '나라도 그랬을거야'라고 말해주는 사람, 그런 사람은 평생 잊지 못할 소중한 사람으로 품게 된다. 아니 죽어서도 잊지 못할 것이다. 내게는 내 아버지가 그러한 분이었다. 나 또한 아버지의 모습을 닮고 싶어서 노력하며 살아가는데 그게 쉽지는 않다. 가끔 나의 부족함과 잘못과 부끄러움이 폭풍우처럼 휘몰아칠 때 시를 쓰거나 내가 낭송한 시를 들으며 셀프 위로를 받기도 한다. 돌아보면 모두가 사랑이고 그리움이며, 돌아보면 모든 것이 내 탓이고 세상에 용서 못 할 것이 아무것도 없다고 장시하 시인은 노래한다. 언제쯤이면 그런 경지로 내 마음이 도달할지 모르겠지만 시 한 줄이 내 안에 들어와 큰 힘이 되어 가라앉는 나를 일으켜 세운다.

반생을 살고 보니 '다시'라는 말이 참 좋다. '다시'라는 말에는 무한한 꿈이 들어 있다. 다시 소녀처럼 꿈을 꾸고 다시 처음처럼 아름다운 꿈을 꾸고 싶다. '다시'라는 말에는 용기와 희망이 들어 있다. 여전히 부족하지만 다시 용기를 가지고 도전하고 싶다. 늦었다 포기하지 말고 다시 희망을 품고 노래하고 싶다. '다시'라는 말에는 사랑이 앉아 있다. 다시 처음처럼 순수하게 사랑하자. 떠오르는 모습, 지는 모습까지 아름다운 저 태양처럼 다시 뜨겁게 사랑하자.

새해 첫 하늘이 열리는 새날처럼 새로운 마음으로 시작하자. 나무와 나무가 마주 보며 자라듯 꽃과 꽃이 마주 보고 향기를 전하듯이 가슴과 가슴을 마주하고 다시 일어나 처음처럼 시작하자. 다시 상처 하나 없는 것처럼 처음의 가슴으로 사랑하자.

그대여! 다시 시작하자.

그대여! 다시 처음처럼 꿈을 꾸고 사랑하자.

그대여! 다시 희망을 품자.

돌아라, 팽이야

한동안 아들이 TV 만화에 나오는 로봇만 보면, 사달라고 떼를 쓰더니만, 용돈 오백 원으로 팽이를 사 왔다. 그러더니, 일곱 살짜리 형들처럼 돌릴 수 있게 가르쳐 달라는 것이었다. 솔직히 나도 이날 이때까지 팽이를 돌려본 역사가 없었기에 난감했다. 아들 몰래 팽이 돌리기를 한 번 시도해 봤더니 던져진 팽이는 역시나 돌지 않았다. 줄 감기에 문제가 있었다. 처음에 힘껏 조여야 팽이가 줄에 걸리지 않고 돌아간다는 것을 스스로 터득한 나는 "이리 오너라, 아들아!" 하면서 큰소리를 쳤다. 그리곤, 줄 감는 법, 팽이 던지는 법, 자세까지 모두 내가 만든 방법이지만, 차근차근 가르쳐 주었다. 아들은 처음이라 아직 어설프기 짝이 없었다. 특히 맨 처음 줄을 감을 때 손에 힘이 강하게 들어가지 않는 게 문제였다. 열 번 던지면 열 번 다 돌지 않던 팽이가 어느 순간부터 한 번 정도는 돌아가는 것이었다. 그 한 번을 놓치지 않고 마구 박수를 치며, 칭찬을 쏟아부었다. "우와, 우리 아들 최고다. 역시 우리 아들이다" 하면서 불이 나게 박수를 쳤다.

그날 밤, 잠이 많은 아들이 잠을 마다하곤 취침 시간 열 시가 지나고, 열한 시가 넘도록 팽이 돌리는 연습을 하는 게 아닌가? 남편이 이렇게 저렇게 하라고 시범을 보이며 코치를 여러 차례 하여도, 왜 그리도 발전이 없는 건지, 애가 터졌지만 꾹꾹 누르곤, "우리 아들은 할 수 있다"고 용기를 주었다. 그럼에도 야속한 팽이는 열 번 던지면 아예 열 번 다 돌아가지 않았다. 너무 오랜 시간 연습을 하다 보니까 지쳐서 더 못 돌리는 것 같았다. 참으로 안타까울 뿐이었다. 결국 아들은 엉엉 울음을 터뜨려 버렸다. 울다 지쳐 팽이를 꼬옥 안고 잠든 아들은 간간이 훌쩍거렸다.

그다음 날 아침, 아들은 눈을 뜨자마자 내복 바람으로 팽이를 돌리고 또 돌렸다. 그 피나는 노력에도 불구하고 팽이는 잘 돌아주지 않았다. "팽이야! 제발 좀 돌아다오!" 나는 기도를 했다. 그러기를 하루, 이틀, 사흘째 되는 날, 드디어 팽이가 돌아가기 시작했다. 던졌다 하면 팽팽 돌았다. 친구들 앞에서 우쭐대며 오버하는 것은 두말하면 잔소리고, 남편과 나는 아들이 무슨 고시에라도 합격한 듯이 기뻐했다. 그리고 아낌없이 박수를 쳐주었다. 거실 장판에 온통 팽이 돌린 자국이 나서, 야단을 좀 쳐야겠다 싶었는데, 나까지 기뻐 어쩔 줄 몰라 하다니, 속으로 웃음이 나왔다. 솔직히 남편도 나도 그 끈질긴 아들의 집중력에 놀라워했다. 그날 난 잘 쓰지 않던 일기를 다 썼다.

세상의 일들이, 하물며 팽이 돌리는 것조차도 꾸준히 노력해야 한다는 소중한 진리를 아들이 몸소 깨달았을 것이라고 생각하니 저절로 입꼬리가 올라갔다. 그 소소한 팽이의 철학 때문에 내 마음은 뿌듯해졌다. 6살 어린 나이지만 아들은 아마도 끈기와 자부심을 얻었을 것이다. 잠든 아들의 이마에 뽀뽀를 하며 속삭였다. "사랑한다, 아들아!"

딸아이의 소원

추석에는 비가 내린다기에 추석 전날에 시댁 옥상으로 보름달을 보러 갔다. 전통 미풍양속을 귀하게 여기시는 시어머니께서는 달님에게 소원을 빌면 이루어진다고 하시면서 우리에게 평소에 바라는 것을 빌어보라고 하셨다. 그랬더니 딸아이가 이의를 제기했다. "저는 10년째 달님과 해님께 소원을 비는데 왜 이루어지지 않나요?" 그 말에 나는 순간 뜨끔했다. 그 원인은 바로 엄마인 나에게 있기 때문이다. 딸아이의 소원은 600평짜리 주택에서 강아지를 종류별로 키우며 사는 것이다. 하지만, 한 마리도 아니고 종류별로 키우고 싶다는 딸아이의 말에 "오 마이 갓"이란 탄성이 저절로 나왔다.

딸아이는 진주에 있는 서점 나들이를 가서도 반려견에 관한 책을 고집한다. 예를 들면 좋아하는 애완견인 몰티즈, 미니어처 핀셔, 시추, 치와와, 푸들, 포메라니안, 비글, 사모예드, 차우차우 등의 그 반려견 정보를 담은 책들을 탐독한다. 간혹 딸아이는 진주에 사는 친구 집에서 놀러 가기도 한다. 그곳에는 '미리'라는 친구의 반려견이 있기 때문이다. 평소 아이들의 의견을 최대한 존중하는 친구는 딸아이가 '미리'와 정말로 즐겁게 지낸다면서 강아지를 입양하라고 권하였다. 그런 얘길 들을 때면 마음이 살짝 흔들리기도 한다.

언젠가 모임에서 이런 이야기를 했더니 아는 교수님께서 집에서 키우는 '십자매'라는 새를 줄 테니 강아지를 대신해서 키워보라고 하셨다. 정말로 새장에 두 마리의 십자매를 넣어서 모이까지 챙겨 주셨다. 딸아이가 기뻐할 것을 생각하니 지인의 배려에 큰절이라도 넙죽 올리고 싶었지만 "감사합니다"란 말밖에 전하지 못했다. 아니나 다를까 십자매를 본 딸아이는 행복의 극치를 달렸다. "마미, 싸랑함니당" 하며 나를 끌어안고 볼을 비비더니 폰으로 십자매의 사진을 찍어서 친구들에게 보냈다. 꼬리가 흰 새는 흰둥이, 꼬리가 검은 새는 깜둥이라고 즉석에서 이름도 지어주었다. 딸아이는 흰둥이와 깜둥이의 엄마인 양 모이도 챙겨 주고 똥도 마다하지 않고 치워주며 쫑알쫑알 대화를 나누기도 하였다.

그러던 어느 날 사건이 발생했다. 흰둥이가 베란다 창틈 사이로 탈출을 해버린 것이었다. 딸아이는 홀로 남은 깜둥이를 더욱더 애지중지 보살폈다. 하지만 날이 갈수록 시름시름 앓았고 결국은 죽어버렸다. 다행히 남편과 내가 먼저 발견하여 이 상황을 어떻게 수습할 것인가를 머리를 맞대고 고민하였다. 논의 끝에 학원에 다녀온 아이들에게 솔직하게 말해주었다. 딸아이의 눈에는 금세 눈물이 한 아름 고였다. 아들이 동생을 다독거려주며 "깜둥이를 땅에 묻어주었으면 좋겠어요"라고 말했다. 아이들의 뜻에 따라 다음 날 새벽

같이 일어나서 깜둥이를 고이 안고 동네 산인 '적벽산'에 올랐다. 땅을 팔 수 있는 호미 같은 도구가 없었기에 커다란 식칼을 신문지에 싸 들고 갔다. 적당한 자리에 식칼로 땅을 조금만 파서 깜둥이를 묻어주었다. 우리 일가족 모두가 국경일처럼 경건한 마음으로 기도를 한 후 산에서 내려왔다. 이번 일을 계기로 아이들이 마음은 몹시 아팠겠지만 '새'라는 생명체와 교감하게 되면서 그 소중함을 절실히 느꼈으리라 본다.

그리 머지않은 시일에 딸아이의 소원을 이루어 주고 싶다. 평수의 개념도 없는 딸아이가 말하는 600평은 아니더라도 아담한 주택에 나의 소망인 작은 서재를 만들고, 장미 넝쿨로 대문을 만들어서 딸아이가 그토록 좋아하는 강아지를 한두 종류만이라도 기를 수 있도록 해주고 싶다.

또 하나의 처음

산다는 것은 끊임없는 처음을 만들어 가는 것이라고 하였다. 첫
날, 첫사랑, 첫 만남, 첫 마음, 첫인상 등 처음이라는 의미가 부여
된 단어들은 언제나 새로움과 설렘을 동반하기에 더욱더 가슴으로
스며드는 속도가 빠른 듯하다. 내일은 아무도 모르고 오늘은 누구
에게나 처음이듯 인생은 수많은 처음을 만들어가는 연속이리라.

경인년庚寅年 새해 첫날이다. 우리는 365개의 새날을 선물을 받
았다. 누구에게는 400날, 누구에게는 200날이 아니라 모든 사람에
게 지극히 공평하게 365날을 선사 받은 것이다. 이 새날들을 '어떻
게 하면 알차고 아름답게 채워 나갈 것인가'는 각자의 몫이다. 날이
날(2010년 1월 1일)인지라 많은 이들로부터 새로운 각오와 만복을
기원하는 문자가 나의 핸드폰으로 날아들었다. 새해 인사를 엽서나
편지가 아닌 전자메일E-MAIL이나 핸드폰의 문자로 발송하는 것만
보아도 시대의 변화를 실감 나게 하였다.

평소 내공이 깊고 생각이 남다른 닮고 싶은 지인으로부터 받은
문자가 내 마음을 움직였다.

일을 시작하는 것이 두려운 것은 일을 전체로만 보기 때문에 막막한 것이다. 우선 일을 잘하려면 복잡한 일을 작게 나누어 처리한 다음 그 조각들이 전체를 구성하게 해야 한다. 그러면 일이 작아지고 재미가 생길 것이다. 시작을 작고 가볍게 하는 경인년이 되길 바란다. 자 오늘부터 함께 시작해 보자꾸나.

이 문자와 만나는 순간 내 삶의 작은 조각 하나를 만들어 보고 싶은 충동이 일었다. 새날을 가족과 함께 의미 있게 보내야겠다고 막연하게 생각은 하였지만, 구체적으로 무엇을 어떻게 해야 할지를 몰랐다. 마침 딸아이가 스키장에 한 번도 못 가봤다는 투정을 하길래 바로 "렛츠 고"를 외쳤다. 다른 때 같으면 '스키 탈 돈으로 맛있는 밥이나 사 먹지' 하면서 아줌마의 본성을 드러냈을 터이지만, 즉시 친동생처럼 지내는 창원에 사는 동생에게 전화를 걸었다. 그 동생은 망설임 없이 열 일을 뒤로하고 1박 2일의 여행길에 함께 해 주었다. 동생네가 양산시에도 '에덴밸리'라는 스키장이 생겼다고 그곳으로 가자고 하였다. 우리는 내비게이션의 야무진 안내를 받아서 양산시에 무사히 도착하였다.

사실 나도 직장생활 하던 시절에는 무주스키장에 가본 적이 있었다. 하지만 아찔한 경사면이 위험해 보이고 겁이 나서 스키를 타지 않고 일행들이 타는 모습만 구경하였다. 태어나 이 나이가 되도록 스키를 한 번도 타보지 못하였으니, 11살 난 딸아이와 결국 같은 입장인 셈이었다. 운동을 좋아하는 남편이나 스키를 취미로 삼은 이들에게는 즐겁겠지만, 나에게 스키는 엄청난 도전 그 자체였다.

우리는 근처 찜질방에서 밤을 새우다시피 수다를 떨고는 이른 아침에 에덴밸리로 향했다. 스키 장비를 대여하면서 대여비와 리프트 이용료가 생각보다 너무 비싸서 내심 놀랐다. 그렇게 스키복으로 완전무장하고 브레이크 잡는 법을 귀동냥 한 채로 눈밭으로 전진했다. 어찌나 사람들이 많던지 리프트도 한참 동안 줄을 서야 탈 수가 있었다. 아이들은 확실히 스폰지처럼 흡수가 빨랐다. 여러 차례 넘어지는 나와는 달리 마치 많이 타본 경험자처럼 속력도 내고 브레이크 조절도 능숙하게 하였다. 네 시간이 넘도록 배고픈 줄도 모르고 즐기는 것이었다.

남편은 "이렇게도 좋아하는데 진작 데리고 올 걸, 사는 게 바빠서" 하며 잠든 아이들을 번갈아 보더니, 말이 끝난 지 5분도 채 안 되어 코를 골았다. 나는 여행을 떠나기 전부터 몸살기가 있었는데 감기까지 내 육신을 습격하여 몹시도 피로했지만, 아이들에게 또 하나의 처음을 만들어 준 것 같아서 어느 때보다 기쁘고 행복했다. 그리고 무엇이든지 처음 해 보기 전에 걱정부터 하지 말고 먼저 해 보고 나서 걱정을 하는 게 맞다는 진리를 다시 한번 몸소 깨달았다.

딸기

하늘이 파란 목화송이 구름을 주렁주렁 달고 나타났다. 들판의 곡식들이 알차게 익어가는 소리가 들리면 아버지의 기일이 다가오고 있다는 신호다.

아버지께서는 딸 다섯을 낳은 설움 뒤에 얻은 내 동생 귀남이를 애지중지하시는 어머니와는 달리 어느 한 자식에게 편애함이 없이 늘 한결같은 마음으로 대하셨다. 다섯째 딸인 나에게도 갈치 뼈를 빌라서 밥숟가락에 얹어 주셨고, 육 남매 모두에게 한글을 가르쳐서 초등학교에 입학을 시켰다. 틈틈이 한문 서예를 가르쳐 주기도 하셨다. 학교를 마치고 돌아오면 딸기, 자두, 복숭아, 포도 같은 제철 과일을 작은 내 손안에 쥐여주었다. 한번은 술에 취한 이웃 아저씨가 병중인 당신을 때리고 우리 가족 모두를 공포에 떨게 하며 살림살이까지도 다 깨부수어서 경찰서에 붙잡혀 갔던 적이 있었다. 아버지는 그 아저씨까지도 용서를 해주셨다. 아무리 화가 나도 남에게 상처 주는 말을 하지 않았으며 오히려 배려를 해주셨다.

마을에 아이가 태어나면 아버지께서는 옥편을 열고 한참을 연구하여 이름을 지어주었다. 작명비로 이웃 사람들이 돈이나 농작물을 들고 오면 "제게 이름을 지어달라고 부탁하신 것만도 감사혀지요" 하시며 한사코 거절하셨다. 간혹 어머니께서 담은 과실주로 속의 말을 하시며 자식들을 훈계하기도 하였다. 자신의 분수를 지키며 작은 것에도 만족할 줄 알아야 한다는 말씀을 되풀이하셨다. 집안에 어려운 일이 생길 때는 말 없이 먹을 갈고 글을 쓰셨다. 당신은 그저 붓 한 자루에 온갖 시름을 달래며 평생을 수분지족守分知足의 삶을 사셨던 분이다.

어느 해 봄날이었다. 산수유가 앙다물고 있던 꽃망울을 터뜨린 지가 한참이 지났다. 개나리와 진달래가 지천으로 피어날 때 나는 꽃보다 진한 통증을 느끼며 눈물범벅이 되어 부산에 있는 고신의료원으로 달려갔다. 하지만 정작 병원 입구에서는 발길이 멈춰졌다. 난생처음으로 아버지를 만나는 것이 두려웠다. 승강기로 오르지 못하고 계단을 향하였다. 한 칸 두 칸 계단을 세어가며 병실로 들어갔다. 주름살이 더 굵어진 어머니는 내가 사간 딸기를 빠르게 씻어 오셨다. 나는 왠지 인사만 드리고 아무 말도 못 했다. 그저 눈물을 참아내는데 내 모든 세포들을 동원하였다.

아버지는 초라한 환자복 안에서 떨리는 손으로 딸기를 주섬주섬 드셨다. 딸기를 이렇게 잘 드시는 줄 몰랐다. 방년芳年이 되도록 처음 보는 모습이었다. 항상 "난 딸기 안 좋아혀" 하셨기에 그런 줄만 알았다. 아버지의 모습을 보고 있으니 눈물이 우루룩 몰려왔다. 나는 빠른 걸음으로 화장실로 가서 꺼이꺼이 눈물을 쏟아 냈다. 꾹 눌렀던 눈물이라 끝을 잊은 채 흘러나왔다. "너그 아부지가 폐암 말기란다"라며 전화기를 타고 들려오던 어머니의 흐느낌보다 딸기를 드시는 아버지의 모습이 내 가슴을 더 아리게 하였다.

그 후 2년 정도 투병 생활을 하시다가 아버지는 다시는 돌아오지 못할 머나먼 나라로 떠나셨다. 다가오는 음력 8월 10일은 아버지의 기일이다. 딸기에 대한 트라우마가 있었기에 한동안 딸기를 입에 넣지 못한 적도 있었다. 하지만 이번 제사상에는 딸기를 가득 올려 드리고 싶다. 가을철이라 딸기를 구할 수 있을지 모르겠지만 딸기를 찾아 나서야겠다. 높은 가을 하늘을 올려다보니 내 아버지의 얼굴이 보인다. 너무 힘든 일이 생길 때는 빈 하늘을 향해 아버지와 대화를 나눈다. 당신께서는 "이런 경우에는 당신께서는 어떻게 하셨나요?"라고 여쭈어보며 해결책을 찾아내려 애쓴다. 너무 기쁜 일이 생길 때도 아버지께 제일 먼저 소식을 전하며 기쁨을 함께 나눈다.

그리움이 단풍으로 물들어가는 가을밤, 수많은 방황으로 흔들렸던 20대 시절에 나를 지탱하게 해주었던 아버지의 편지를 낮은 소리로 읽어 본다. 이제는 아버지의 손을 만져 볼 수는 없지만 그 인자하신 얼굴은 내 가슴속에서 살아 숨 쉬고 있다. 나는 당신과의 추억을 책상 위에 한 움큼 꺼내놓고 당신이 되어 아들과 딸 향해 편지를 쓴다.

물안실마을 할머니

한 권의 책이 나 스스로 봉사를 실천하게 만들었다. 고 이태석 신부님의 『친구가 되어 주실래요』라는 책이다. 신부님의 삶과 만나고 나서 가까운 이웃에게 조금이라도 도움을 주며 살아야겠다는 생각이 들었다. 그 이후에 시작된 봉사가 가족 봉사활동이다. 아이들은 매월 둘째 주 토요일이면 당연히 봉사활동을 가는 것으로 여기고 나보다 먼저 나선다. 처음으로 가족 봉사활동을 갔을 때는 어색하기도 하였다. 하지만 다른 가족들이 밝은 표정으로 인사를 건네왔고 굳었던 마음도 봄 햇살처럼 풀어졌다. 그 이후부터는 서먹했던 가족들과도 정답게 어울릴 수가 있었다. 우리 가족은 내수마을에 살고 계시는 82세의 할머니와 인연이 맺어졌다. 처음에는 어떤 분인지 몹시 궁금하였다. 가정지원센터에서 나누어 준 지도를 보고 각자가 알아서 할머니 댁으로 찾아가야만 했다.

시집와서 산청에 산 지 강산이 한 번 변하고도 육 년이 지났건만 내수마을은 처음이었다. 산세는 겹겹으로 사방이 고립되어 보였는데 안쪽으로 들어가니 '내수마을'이라는 표지가 방긋 웃고 있었다. 그 순간 비밀의 섬처럼 알 수 없는 신비로움과 평화로움이 느껴졌다. 그곳 어르신들은 '내수마을'을 '물안실 마을'이라고 불렀다. 물이 맑아서 그렇게 부른다고 했다. 물안실 마을의 약수를 구하기 위해 외부에서도 많은 사람들이 온다고 했다. 유난히 하늘이 맑고 물맛이 좋은 마을이었다. 할머니만큼이나 마을 이름도 참 곱고 마음에 들었다. 할머니 댁으로 올라가는 비탈길에 반가운 무엇이 있었다. '복실이'라는 강아지였다. 아이들은 복실이와 반갑게 인사를 주고받았다. 반려견 강아지를 키우는 것이 소원인 아이들은 혹시 할머니보다 물안실 마을의 복실이에게 관심이 더 많은 건 아닌가 하는 생각이 들었다.

할머니 댁으로 들어서자마자 큰아이는 할머니의 어깨를 작은아이는 다리를 안마해 드렸다. 할머니께서는 작은 액자 하나를 꺼내 보여주며 손자라고 자랑을 하셨다. 아들이 사업에 실패하여 물안실로 들어오게 된 이야기와 6·25 당시의 이야기를 회고하며 눈물을 글썽이기도 하셨다. 이곳에서 82세까지 살면서 얼마나 많은 삶의 '희로애락'이 있었을까를 생각하니 할머니가 한없이 위대하게 보였다.

지난 6월, 할머니를 뵈러 물안실 마을로 갔다. 따사로운 햇살과 파란 하늘이 우리보다 먼저 놀러 와 논둑에서 수다를 떨고 있었다. 그런데 할머니의 표정은 왠지 어두웠다. 아이들이 정성껏 안마를 해 드려도 여전히 표정이 무거워 보였다. "할머니! 무슨 고민이라도 있으세요?"라고 여쭈었더니 할머니께서는 기다렸다는 듯이 말씀을 하셨다. "지난 장에 산 바지가 커서 바꿔야겠는데 차도 없고…" 여기까지만 들어도 할머니의 마음을 충분히 알 수가 있었다. 그날이 장날이어서 옷을 교환하러 산청장에 가시고 싶은 것이었다. 어쩌면 산청장을 핑계 삼아 세상 속으로 나들이를 하시고 싶은 것인지도 몰랐다.

우리는 할머니를 모시고 산청장으로 향했다. 장에서 바지를 바꾸고 나서 장터 구경을 했다. 할머니께 보라색 블라우스 하나를 골라 사드렸다. 할머니는 몸에 맞추어 보며 하얀 박꽃처럼 미소를 지으셨다. 극구 사양하셨지만 "어버이날 선물이라고 생각하세요"라며 겨우 설득해서 옷을 선물해 드렸다. 할머니는 "나는 딸이 없는디 고마 내 딸 혀"라고 하셨다가도 "아이쿠, 내가 욕심 부리모 안 되재" 하고는 금방 말씀을 바꾸셨다. 내가 부담을 가질까 봐 그러시는 것 같았다. 이미 우리는 할머니의 자식이며 손자이고 손녀인 것을 할머니만 모르시는 것 같았다.

다른 사람의 눈물을 닦아 줄 때 우리는 비로소 자신을 사랑하는 법을 알게 되듯이 나는 물안실 할머니로 인해서 내 가족을 더욱더 사랑하게 되었다. 다가오는 토요일은 물안실 할머니를 만나러 가는 날이다. 전생에 그 마을에서 살았는지 벌써부터 낯익은 설렘으로 가득하다.

행복한 때밀이

　사람은 누구나 잘못을 하며 살아간다. 인간은 신이 아니기 때문이리라. 아니 어쩌면 신도 실수를 한다고 생각한다. 인간은 자의에 의해서든 타의에 의해서든, 크든 작든 다소의 차이가 있을 뿐이지 사람으로 살아가는 이상은 누구나 잘못을 통해서 반성하고 깨달으며 성숙한 인격으로 성장해 나가는 것이다. 혹자는 악의 구덩이에서 헤어나지 못한 채 생을 마칠 수도 있을 것이다. 더없이 훌륭한 지도자일지라도 죄에서 자유로울 수는 없을 것이라고 생각한다.

　'죄' 중에는 절도나 성폭행, 살인처럼 절대로 용서가 되지 않는 큰 잘못도 있을 것이고, 어쩔 수 없이 하게 되는 선의의 거짓말이나 희생을 가장한 것도 있을 것이다. 날마다 생물을 죽여서 우리의 먹거리로 삼으며 살아가는 것 또한 은밀히 따지면 '죄'라고 할 수도 있다. 따라서 사람은 어떻게 보면 나날이 죄를 지으며 산다고 해도 무리가 아닐 것이다. 스님들이 지팡이를 짚고 다니는 이유가 개미 같은 미물들에게 피신을 알리는 신호를 보내기 위해서라고 들었다. 미리 피신하여 사람의 발에 밟혀 다치거나 희생을 당하는 일이 없도록 하기 위함이란다. 이러한 배려에 어찌 고개가 숙여지지 않겠는가?

나는 잘못을 해서 반성할 일이 생기거나 또는 너무 감사할 일이 생겨 누군가를 도와주고 싶을 때는 '착한 일'을 하러 간다. 즉시 목욕 바구니를 들고 목욕탕으로 간다. 그곳에서 때밀이를 하는 것이다. 딸아이의 때밀이 자리는 내 차지라 당연한 것이지만, 딸아이가 아닌 낯선 할머니의 때밀이가 되어 주는 것이다. 일단은 목욕 온 사람 중에서 제일로 나이가 많아 보이는 할머니 한 분을 선택하여 그분의 등을 정성을 다하여 밀어드린다. 그러면 할머니께서는 어김없이 "아이구. 고마배, 새댁이" 하신다. 그 잠깐 사이에 많은 말씀을 쏟아 내신다. "우리 딸내미가~~" 또는 "아들내미가~~" 하시면서 자식들을 두둔하거나 자랑하며 이야기를 꺼내신다. 할머니의 말씀에 맞장구를 쳐가며 들어드리면 내가 무슨 인생의 카운셀러라도 된 듯 뿌듯해진다.

예전에 남편이 직장에서 진급했을 때 목욕탕에 가서 할머니의 등을 두 분이나 밀어드렸다. 그리고 아들이 거창고등학교에 합격했을 때는 할머니 세 분의 등을 밀어드리고 집에 와서 몸살을 앓은 적도 있다. 너무 속상하거나 억울한 일을 당할 때도 '착한 일'을 하였다. 좋은 일도 하며 마음을 다스릴 목적도 있었지만 복을 받고 싶은 이기적인 생각도 한몫했다. 그러할지라도 참 잘하고 있는 일이라고 스스로 생각한다.

한 번은 너무 억울한 일이 생겨서 혼자 한참을 울다가 '착한 일'을 하러 목욕탕에 갔다. 그런데 조금 황당한 일이 일어났다. 한 할머니 등을 밀어드리고 나니 많이 울어서인지 벌써 체력의 한계가 왔다. 내 몸도 씻기가 힘겨워졌다. 대충 씻고 나가려는데 할머니라고 보기엔 조금 젊은 아주머니께서 이런 내 맘도 모르고 당당하게 등을 밀어 달라고 하셨다. 하지만 어쩌겠나? 기꺼이 밀어드려야지. 다시 젖 먹던 힘까지 내서 그분의 등을 밀어드렸다. 다 밀어드리고 나니 그분께서 "얼마예요?"하는 것이었다. 알고 보니 그분은 나를 목욕탕에 근무하는 때밀이로 착각하신 것이었다. 그 아주머니는 어쩔 줄을 몰라 하며 몇 번이고 미안하고 고맙다고 인사를 하셨다. 그분의 감사 인사 덕분에 나는 밥을 안 먹어도 배가 부를 지경이 되었다. 그 어느 날보다 더 행복한 때밀이가 되었다.

일상적으로 목욕 봉사를 하시는 자원봉사자들을 흉내 내지는 못하겠지만, 목욕탕에서 좋은 일을 하는 날은 육신은 힘들더라도 마음만은 평화로웠다. 뜻밖에 좋은 소식이 날아든 날이었다. 딸아이가 중학교에 입학하는데 배치 고사를 잘 봐서 장학생으로 선발되어 입학식 때 장학금을 받는다는 소식이다. 밝고 건강한 모습으로 곁에 있어 주는 것만도 감사한데 너무나 기뻐서 눈물이 날 지경이다. '감사합니다, 감사합니다'를 속으로 수없이 되뇌었다. 딸아이를 꼭 안아주었다. 그리곤 목욕 바구니를 챙겨 들고 아직도 쌀랑한 봄바람을 헤치고 목욕탕을 향해 신나게 발걸음을 옮긴다.

백마산 해맞이

  '웅석산 해맞이', '정취암 해돋이', '백마산 해돋이' 등, 새해 안녕
을 기원하는 해맞이 행사를 알리는 플랜카드들이 서로 오라고 손짓
하는 연말이다. 이번 해맞이는 일출명소로 잘 알려진 포항 호미곶
으로 가자는 이웃의 권유를 정중히 사양하였다. 이번에는 외부로
가지 말고, 우리가 두 발을 딛고 살아가고 있는 우리 동네에서 해맞
이를 보자는 남편의 제안을 받아들이기로 한 것이다. 그러고 보니,
마산에서 산청으로 시집을 와서 산청의 맑은 물을 먹은 지가 14년
이나 되었건만, 정작 내가 사는 신안면에서 열리는 해맞이 행사에
는 단 한 번도 가보지 못했다는 생각이 들었다.

  드디어 새해 첫날 아침, 평소와는 달리 알람에 의지하지 않고도
남편은 새벽같이 일어나 우리 가족을 잠에서 탈출시켜 주었다. 각
자 간단하게 씻고, 추위를 대비하여 완전무장을 하였다. 족구모임
동호인들과 함께 백마산으로 향했다. 산 입구에서 우리는 깜짝 놀
랐다. 부녀회 회원들이 불을 지펴놓고 그 추위 속에서 떡국을 끓이
고 있었다. 해맞이 행사에 오는 모든 분들께 무료로 새해 첫날의 아
침을 제공하기 위해 잠도 안 자고 새벽부터 수고하시는 것이었다.

아마도 전날부터 사전 준비를 한 듯 보였다.

나는 내심 도와드리지 못해 미안한 마음이 앞섰지만, "복 많이 받으세요"라는 인사를 드리고 백마산 줄기로 발걸음을 옮겼다. 정상까지 오르는 데는 약 40분가량의 시간이 걸렸다. 초등학교 4학년인 딸아이는 중간쯤에서 "더 이상 못 가겠다"며 주저앉아 버렸다. 엄살이 좀 심한 경향도 있지만, 이른 아침이라 조금은 무리가 가는 듯했다. 그러나 정상에서의 더 큰 보람을 직접 맛보게 해주고 싶었기에 "다 와 간다"며 몇 차례 거짓말을 하면서 드디어 정상에 오르니, 신안면의 발전을 위해 수고하시는 여러 기관단체장들께서 벌써 한복차림으로 신안면민의 안녕을 기원하는 천제를 경건하게 진행하고 계셨다.

행사를 한 가정에 빗대 본다면, 각 기관단체장들은 집안의 가장인 '아버지' 역할을 하고, 부녀회원들은 '어머니' 같은 존재가 아닐까 싶다. 어떤 빛나는 행사 뒤에는 알고 보면 뒤에서 소리 없이 희생하는 사람들이 있기에 성공적으로 마무리 될 수 있는 것이다. 무한히 주고서도 기쁠 수 있고, 세속적인 계산법에 얽매이지 않으며 끝없이 베풀 수 있는 존재, 자식을 낳고 기르는 어머니의 마음으로 봉사활동을 묵묵히 하는 단체가 바로 '부녀회'라는 생각이 들었다.

하산길에 딸아이한테 무슨 소원을 빌었냐고 물었더니, 세 가지 소원 중 한 가지만 알려준다고 하면서 살을 3kg만 빼는 것이라고 귓속말을 했다. 무슨 살이 있다고, 속으로 헛웃음이 나왔다. TV의 어느 프로에서도 주부를 대상으로 설문 조사를 했더니, 새해 소원이 무엇이냐는 질문에 '살빼기'가 1위를 차지하였다. 소원가 의식주에 대한 것이 아닌 것을 보면, 세상이 참으로 많이 변하긴 변한 모양이다. 하지만, 내년에는 지난 IMF 위기보다도 더 경기가 악화될 수 있다는 게 전문가들의 전망이다. 경제도 마이너스 성장이 될 것이라는 우려가 커지는 상황이다.

지구촌 한쪽에선 전쟁으로 수많은 이들이 고통을 받고 있고, 13억의 인구를 가진 거대한 중국에서는 인체에 유해한 멜라민을 사용하여 전 세계가 먹거리의 공포에 떨기도 하였다. 우리나라 또한, 혼란스럽고 어두운 소식들이 줄줄이 신문 지면을 장식하고 있다. 이런 어수선한 가운데도 근면, 성실로 어려움을 극복한다는 소의 해가 밝았다. 기축년 새해에는 밝고 따뜻한 소식들이 그 자리를 차지하길 기대해 본다. 지금의 상태가 아무리 나쁠지라도 이미 지나가고 있는 것이다. 지난해의 고난과 후회와 아쉬움은 모두 다 걷어 가고, 제발 '희망'이란 단어만을 선물해 달라고 둥글게 솟아오르는 해님께 빌고 또 빌었다.

"작은 일에 최선을 다하면 큰일은 저절로 이루어진다"는 카네기의 말을 되새김해 본다. 내게 주어진 일이 아무리 하찮은 것일지라도 소중히 여기며, 어느 때보다도 자신의 역할에 충실해야 할 때이다. 우리 모두가 그렇게 한다면, 신안면의 안녕은 물론이고, 산청과 경남, 나아가 대한민국이 편안해질 것이라고 감히 장담한다.

빈둥빈둥

언제부터인가 자연스러운 만남처럼 비슷한 취미를 가진 네 사람이 만나기 시작했다. 간혹 한 분이 더 오셔서 다섯 사람이 도란도란 점심을 나누기도 하고 같은 하늘 아래 같은 공기를 나눠 마시며 많은 대화로 공감대를 형성하기도 하였다. 그러던 어느 날, 그중 한 분이 내가 다녔던 서실의 스승님이신데 '안봉'이라는 곳에 농장이 있다고 하며 놀러 가자고 권유했다. 감도 따 먹고 녹차 잎도 마음대로 따가도 된다고 하셨다. 언니와 나는 "공짜라는데 뭘 망설여" 하면서 생각할 겨를도 없이 만장일치로 오케이를 외치며 스승님의 농장으로 향했다.

나는 언니와 함께 급하게 김밥을 준비해서 갔다. 산 아래를 한참 걷다 보니 평온해 보이는 아담한 마을이 나타났다. 그곳에서 약 500m 정도를 더 걸으니 선생님의 농장이 보였다. 생각보다 꽤 넓었다. 한 오천 평 정도 된다고 스승님께서 말씀하셨다. 단감과 대봉 감나무가 많았고 밭에는 수세미, 토마토, 무, 당근 등 여러 가지 채소들이 심겨 있었다. 인위적으로 만든 것 같은 연못에는 연꽃도 피어 있었다. 스승님께서 밭에 있는 당근을 캐 주셔서 그 자리에서 바로 먹었다. 인삼이 따로 없다 싶었다. 태어나서 그렇게 맛있는 당근은 처음 먹어 본다. 대봉감과 홍시도 따 먹고 단감도 따 먹었다.

배가 든든했지만, 정자로 올라가서 김밥을 먹었다. 정자 위에는 선생님께서 직접 쓰신 '빈둥빈둥'이라는 간판이 있었다. 정자 이름치고는 좀 심심하지만 우리들은 색다른 여유로움을 느꼈다. 점심을 먹고 차를 마시면서 그중 한 분이 "우리 모임 이름도 없는데 그냥 '빈둥빈둥'이라고 지읍시다"라고 하셨다. 모두 덩달아 동의를 했다. 그 후 모임의 이름은 '빈둥빈둥'이 되었고 2년째 이어오고 있다. 이 모임에는 회칙도 없고, 회비도 없고, 회장도 없고, 모이는 날짜도 없다. 누가 먼저랄 것 없이 모이자고 연락하면 꼭 참석하라고 강요하지 않아도 그냥 일제히 모이게 되었다.

그렇게 '빈둥빈둥' 회원이 만나 차를 마시고 밥을 먹고 대화를 나누다 보면 어느새 두세 시간이 후다닥 가버린다. 가장 좋은 친구는 만나면 시간 가는 줄 모르는 친구라고 하였다. 각자 사는 모습과 나이와 직업은 달라도 이렇게 만나면 편안한 걸 보니 전생에 아마도 같은 반 친구들이었나 싶은 생각마저 들었다.

사전을 찾아보면 '빈둥빈둥'의 뜻은 '놀며 세월을 보낸다'는 의미로 나오지만, 모임의 이름 하나는 참 잘 지었다고 서로 극찬을 했다. 가끔 일하기 싫고, 일상에서 잠시 벗어나 노닥거리고 싶어질 때

'빈둥빈둥'을 찾으면 재충전이 되었다.

　한자에서 바를 정正자를 풀어 보면 그칠 지止와 한 일一이 합쳐져 있음을 알 수 있다. 이는 한 번쯤 멈출 줄 아는 삶이 바르게 사는 삶이라는 의미라고도 할 수 있다. 바쁘게 하루하루를 살면서 앞만 향해 달려가다 보면 정작 자신이 무엇을 위해 달리고 있는지조차도 모를 때가 있다. 한 번쯤은 모든 것을 멈추고 모든 욕심을 버리고 자신을 돌아보는 시간을 가지면 좋을 것이다. 또한 너무 많은 것을 가지고 있거나 자신의 분수에 맞지 않은 것은 내려놓을 줄 아는 지혜가 필요하리라. 내 삶에 이런 분들이 등장하여 진실한 대화를 누릴 수 있다는 것은 말할 수 없는 기쁨이다. 내일은 한동안 만나지 못했던 '빈둥빈둥' 벗들에게 내가 먼저 전화를 걸어보리라.

선비학교 특강

지난 5월과 6월에 산청군 관내에 있는 초등학교 4, 5학년 학생들과 학부모들이 참여한 가운데 특강을 하게 되었다. 산청교육청에서 주관한 선비문화체험과 함께하는 캠프였다. 4주 동안 '함께하는 문화와 비전'이라는 주제로 약 50분가량 수업을 하였다. 프레젠테이션을 준비하면서 여러 분야의 주제를 두고 고민하던 끝에 정보와 문화의 시대 21세기를 이끌어갈 보배들과 그 보배들을 키우고 있는 학부모들에게 미래를 준비하는 데 조금이라도 도움이 될 주제로 정했다. 간혹 특강의 경험은 있었지만 초등학생과 학부모들을 대상으로 한 특강은 처음이라 긴장감을 감출 수가 없었다. 그래서 더 긴 시간을 투자하여 어느 때보다 더 열심히 강의 준비를 하였다.

드디어 5월 3일 오후 7시 첫 강의 시간이다. '여행을 할 때 가장 먼 길을 가장 빨리 갈 수 있는 방법은 좋은 친구와 함께 가는 것'이라는 이야기로 초롱초롱한 눈망울과 열정적인 학부모와의 만남은 시작되었다. 2007년도에 북한의 평양 근교를 1박 2일간 다녀온 사진을 보여주며 지도자의 역량에 따라서 국민의 생활 수준이 얼마나 큰 차이를 보이는가를 비교해 보았다. 이를 통해 훌륭한 지도자의 모습을 찾게 하였다. 그리고 꿈을 이루는 구체적인 방법에 대해 알아보는 시간을 가졌다.

첫 번째로, 꿈의 기록장을 만든다. 자기만의 구체적인 꿈을 써서 책상이나 잘 보이는 곳에 붙여놓고 자신의 꿈을 향해 최선의 노력을 다하는 것이다. 두 번째로, 하루하루에 대한 반성을 일기로 쓰는 것이다. 일상생활을 통하여 지나간 시간을 되돌아보고 앞으로의 계획을 할 수 있으면 미래를 설계하는 데 많은 도움이 될 것이다. 세 번째로 노트나 바인더에 나만의 포트폴리오를 만드는 것이다. 독서체험, 봉사활동 등 다양한 체험활동을 바탕으로 자기만의 스펙을 쌓는 것이다. 앞으로는 고교 및 대학입시뿐만 아니라 취업 등의 면접에서도 필요한 반드시 사항이다. 잘 준비된 어느 학생의 스펙 자료를 직접 예시로 보여주었다. 특히, 갈수록 확대 시행되는 입학사정관제도의 준비를 위해 학부모와 함께 초등학교 시절부터 차근차근 스펙을 쌓아야 한다. 왜냐하면 스펙은 절대로 하루아침에 완성할 수 없기 때문이다.

우리는 결코 경제적인 부만 이룬다고 선진국이 될 수 없다. 그 이유를 선진국과 중동국가를 비교해 가며 분석해 보았다. 한류열풍으로 우리 문화와 관련된 이야기를 함께 나누며 우리나라가 문화선진국으로 나아가기 위해 자라나는 여기 이 자리의 학생들이 꿈을 가지고 노력하여 주기를 당부했다. 세계 속의 경쟁에서 이기기 위해서는 앞으로 세 가지를 꼭 갖추어야 한다고 강조하였다. 먼저, 우리말 외에 외국어 한 가지를 익히는 것이다. 둘째, 좋아하는 스포츠를 즐기는 것이다. 운동을 잘하지 못한다면 보고 즐길 수 있는 스포츠라도 상관없다. 마지막으로 악기 하나는 꼭 배워 다룰 수 있기를 당부하였다. 어떤 악기든지 좋으니 다룰 수 있는 악기 한 가지는 꼭 배워서 스트레스 해소와 문화 정서를 높이는 것이다. 남학생들에게는 필요한 한 가지, 즉 여자들에게 사랑을 받기 위해서는 요리를 잘해야 한다고 덧붙였다.

이어서 '나의 꿈 나의 미래'라는 제목으로 꿈 기록장을 기록하여 꿈에 대한 발표회를 가졌다. 대통령, 판사, 연예인, 아나운서, 디자이너, 박지성 같은 축구선수, 프로게이머, 개그맨, 상담사 등 매우 다양한 직업의 꿈을 발표하였다. 판사, 검사, 선생님 등 단조로웠던 나의 어린 시절의 꿈과는 사뭇 달랐다. 대통령의 꿈을 가진 학생에겐 사인을 받으면서 앞으로 제일 큰 빽이 생겼다고 했더니 교실은 웃음바다가 되었다. 자신의 꿈을 이루기 위해서는 실천하는 학생이 되어주길 부탁하면서, 학부모들에게는 아이들이 넘어졌을 때 다시 일어설 수 있는 용기를 주고 사랑과 격려를 아낌없이 쏟아줄 것을 당부하였다.

가정과 자신이 몸담은 지역에서 나아가 세계 속의 대한민국을 이끌어 갈 우리들의 미래인 이 학생들에게서 희망을 읽으며 두 달간의 특강을 보람되고 감사한 마음으로 마무리하였다.

이처럼 늙어야 하리

불혹不惑을 향해가니 이상하게도 먹 향의 끌림을 뿌리칠 수가 없었다. 내면으로는 늘 그 향기를 은근히 그리워했나 보다. 신안면사무소 2층에서 서실을 운영하고 있다는 소식을 접하고 붓을 챙겨 들었다. 마치 전쟁에 나가는 병사가 무기를 챙기듯이 땡땡한 각오로 말이다. 하지만, 혼자 배우러 가려니 왠지 쑥스러워서 관심 있는 이웃 동생을 설득하여 동행하였다. 신안서실에 들어서니 서실 회장님과 총무님께서 반갑게 맞이해 주셨고, 붓을 잡은 어르신들을 뵈니, 마치 돌아가신 아버지를 만나는 듯한 느낌이 순간적으로 스쳐 지나갔다.

어릴 적에 아버지는 틈틈이 여유로운 모습으로 먹을 갈고 붓글씨를 쓰셨다. 우리가 알지 못하는 한문과 서예를 우리 육 남매에게 가르쳐 주기도 하셨지만, 당시는 너무 어렵고, 하기 싫어서 빠져나갈 핑곗거리를 대기에 급급했었다. 지금에서야 그 시절에 제대로 좀 배워둘 것을 하는 늦은 후회가 된다. 아버지는 간혹 작명도 하셨고, 사찰 같은 곳에서 글을 요청하면 무료로 써 주기도 하셨다. 수고비 명목으로 작명비를 주는 분이 있으면 한사코 거절하셨다. "제게 작명이나, 글을 부탁해 오는 것만으로도 영광입니다"라고 하시면서 오히려 그분들께 감사를 드리는 모습이 눈에 선하다.

이렇게 시작한 서예가 내 삶의 또 하나의 즐거움이 되었다. 돌아가신 아버지에 대한 그리움을 조금이라도 채울 수 있는 신안서실에서 찾은 기쁨이다. 붓글씨뿐만 아니라 어르신들께 예절이나 한문도 무료로 배울 수가 있다. 또한, 옛 예법과 고품격 유머도 귀동냥을 할 수가 있다. 지금의 신안서실이 있게 된 계기도 이를 통해 들을 수가 있었다. 이완규 서실 회장님께서 어느 지인과 함께 현재 신안서실 스승이신 권태현 선생님을 찾아가셔서 서예를 지도해 줄 것을 간청하셨고, 이에 흔쾌히 응하여 주셨기에 오늘날의 신안서실이 존재한다고 하셨다. 감사한 것은 이뿐만이 아니다. 내가 어설프게 사자소학四字小學을 마칠 무렵에 서실 스승님과 회장님께서 아호雅號를 지어 주셨다. 바로 연당蓮塘이다. '연꽃 연蓮, 못 당塘'자라고 해석해 주셨다. 진흙 속에서도 혼탁해지지 않고, 아름다운 자태로 피어나는 연꽃처럼 지혜로운 사람이 되라고 하셨다. 그때는 이런 깊은 뜻이 숨어 있는 줄은 몰랐다.

아버지께서 득남하라고 지어주신 나의 이름이 남자 이름 같아서 속으로는 이름에 대한 갈증이 남아 있었는데, 뜻까지 이리도 귀한 아호를 선사해 주시니, 적벽산에 올라가 소리치고 싶었다. "임금님 귀는 당나귀 귀"가 아니라 "내 호는 연당이다"라고 말이다. 그날의 감동은 내 가슴이 딱딱해지지 않는 한 잊을 수 없을 것이다. 그 기쁨을 안고 4년 동안 열심히 배웠지만, 요즘은 바빠서 서실에 거의 못 가고 있다. 너무 아쉽지만 느리게 남은 평생을 배우리라는 마음을 지니고 있기에 조급함은 없다.

붓 한 자루와 70년을 같이 하시는 두 분의 삶을 감히 닮고 싶다. 붓으로 칼보다 강한 힘을 발휘하며, 싸우지 않고도 이기는 법을 배우고, 부드러움이 강함을 이기는 진리를 이 몸도 터득해 보고 싶다. 붓끝으로 희노애락喜怒哀樂을 다 품으시는 두 분의 절제된 모습을 보고 있노라면 존경심이 무한대로 발생한다. 두 분께서 지어주신 '호 값을 언젠가는 꼬옥 해야 할 텐데' 하는 아름다운 숙제를 안고 살아간다. 오늘도 스스로를 일으켜 세워 더욱더 분발하며 살아가고 있다. 붓(펜) 한 자루를 벗 삼아 인생을 이야기하며, 온화한 주름살로 낮은 미소를 지으며, 편안하되 결코 만만하지 않은 흰머리 할머니로 늙어 가고 싶다. 두 분의 스승님처럼.

자존감 自尊感

나는 '자존감自尊感'이라는 단어를 아주 좋아한다. 아이들에게 막연하게 '자존감을 높이자'고 말을 하는 경우가 종종 있다. 그렇다고 아이의 자존감을 높여주기 위해 무조건 자기 뜻을 따라주라는 것은 아니라 자신을 긍정적으로 받아들이도록 노력하는 것이 중요하다.

자존감에 관한 책은 다양하게 출판되었지만 이를 높여주기 위해서는 『강아지 똥』이란 책을 읽으면 효과가 있을 것이라고 생각한다. 권정생 작가가 쓴 이 책은 한국아동문학상을 받은 창작동화다. 창작동화이지만 어린이들뿐만 아니라 어른들과 청소년들에게도 읽어 보기를 권한다.

『강아지 똥』의 내용은 길바닥에 떨어진 강아지 똥이 스스로의 가치에 대해 고민하다가 마침내 소중한 일을 이뤄낸다는 이야기이다. 새도 더럽다고 하면서 멀찌감치 피해 가고 병아리도 가까이 오기 싫어하는 가여운 강아지 똥은 자신의 처지를 끝없이 비관한다. 하지만 어느 비 오는 날에 민들레의 거름이 되어서 아름다운 민들레 꽃을 피우게 된다. 강아지 똥은 자신도 할 수 있는 일이 있다는 것을 알고는 너무나도 기뻐하며 감사해 한다.

얼마나 아름답고 감동적인 동화인가? 이 이야기는 우리의 가슴을 한없이 따뜻하게 해주며 자연을 사랑하고 생명을 소중히 여기는 마음까지도 생기게 한다. 내용은 그다지 길지 않지만 많은 생각을 하게 만들며 삶에 대한 진지하고 중요한 물음을 던져 준다. '나는 가치가 있는 존재인가?', '나는 정말로 소중한 존재인가?'라는 질문으로 자신을 돌아보게 한다. 키가 크든 작든, 몸이 뚱뚱하든 날씬하든, 공부를 잘하든 못하든 간에 우리는 모두가 자기만의 독특한 빛깔을 가진 가치 있는 소중한 존재라는 것을 알게 해준다.

시선이 머무는 곳마다 연둣빛과 초록의 행진이 이어지는 지난해 오월에 산청선비학당에서 '생활 속의 독서'라는 주제로 강의를 한 적이 있었다. 초등학교 4, 5학년 학생들과 학부모를 대상으로 한 수업이었다. 그때 외할머니 집에서 자라는 어느 초등학교 5학년이 쓴 독후감을 읽고 안도감을 느꼈던 기억이 새록새록 떠오른다. 책을 많이 읽지 않았던 그 학생은 초등학교 5학년이 되어서야 『강아지 똥』이란 동화책을 읽었다고 한다. 지금까지는 자신을 함부로 대하였고 자신이 실수를 하면 스스로 "바보", "등신" 같은 말을 자주 하였단다. 그러면서 '나는 왜 부모님도 안 계시고 외할머니 집에서 자라야 하나?', '나는 왜 이렇게 가난하게 살아야 하나?' 하면서 현실을 비관하였다고 한다. 하지만 이 책을 읽은 이후로는 스스로를 좀 더 귀하게 여기고 그 누구보다도 자신을 사랑하겠다는 내용과 함께 외할머니께도 감사하는 마음을 가지겠다고 적혀 있었다. 분명한 것은 『강아지 똥』이라는 동화책으로 인해 자신의 현실을 긍정적으로 받아들이게 되었고 한심하게만 여겼던 자신을 소중히 여기게 되었다는 점이다. 이 학생은 '강아지 똥'이라는 책과 만나는 간접경험을 통해서 한 계단 더 성숙된 인성을 갖추게 된 것이며 자존감自尊感을 가지게 된 것이다. 이것이 바로 독서의 필요성 중 하나다.

　요즘 신문을 보면 성인뿐만 아니라 학생들의 자살률까지 높아지고 있다고 한다. 이런 소식을 접하면 안타까운 마음을 넘어 가슴이 막막해짐을 느낀다. '얼마나 힘들면 자살을 할까?'라는 생각은 들지만 그 어떠한 경우에라도 자살이 용납되어서는 안 된다고 생각한다. 『강아지 똥』이라는 책이 주는 교훈처럼 자신을 소중히 여기고 제대로 사랑할 줄 안다면 아무리 힘든 일이 닥쳐와도 지혜롭게 이겨 낼 수가 있을 것이다. 병이나 천재지변으로 뜻하지 않는 힘든 일이 생겨서 '죽고 싶다'는 생각이 뇌세포를 가득 메우게 되면 '죽을힘으로 열심히 살아가자'라고 사고를 전환해 보자. 'NO'를 거꾸로 하면 'ON'이 되고 '자살'을 거꾸로 하면 '살자'가 되듯이 한 번만 생각을 거꾸로 해 보자. 이러한 긍정적인 사고 위에 자존감을 더한다면 절대로 자살은 있을 수 없을 것이며 우리 사회는 좀 더 아름다워질 것이다.

* 자존감(自尊感)이란? Self-esteem(자기존중감)이라고도 하며, 자기 존경, 자기 존중, 자기 사랑과 애정을 말한다. 자기가 잘하는 것에 대한 긍정의 의미가 있다. 그 긍정적인 기운으로 자신감을 회복하고 자기 삶을 주도적으로 살아내는 의식이 필요하다.

천사를 만나다

지난해 5월 8일 어버이날이었다. 아들이 어버이날을 의미 있게 보내고 싶다며 내 부모님이 아니더라도 효도할 곳이 없는지 물어왔다. 중학교 3학년인 아들의 친구 10여 명도 봉사활동을 자발적으로 해 보고 싶다고 하였다. 그래서 그 학생들에게 한센 환자들이 생활하는 요양시설(성심원)이 있는데 갈 수 있겠냐고 물었더니 다들 자신 있다고 하였다. 사실은 내가 자신이 없었다. 하지만 용기를 내었다. 아이들이 자신 있다고 하는데 어른인 내가 어찌 못 간다고 하겠는가? 말로만 듣던 한센병으로 인해 평생 소외되어 지내는 그분들의 곁으로 다가가 하루를 의미 있게 보내리라고 다짐하였다.

산청에 살고 있으면서도 태어나서 처음으로 성심원에 가게 되었다. 왠지 길게 느껴지는 다리를 지나서 성심원에 도착하였다. 1층에서 안내원과 산청성당에 계시는 지인의 안내를 받았다. 우리들은 병실을 차례차례 다니며 노래 봉사와 식사 봉사를 하게 되었다. 물론 나는 솔직히 부끄럽지만 아이들보다 적극적이지 못하였고 뒤따라 걸었다. 손과 발이 형체가 없어진 사람도 있었고, 심지어는 얼굴 형체도 일그러진 사람도 있었다. 정말로 충격적이었다. 이렇게 불쌍하게 살아가는 분들을 보니 눈물이 고였다. 선뜻 다가서지 못하는 자신이 미웠다. 하지만 그곳에서 일하시는 분들을 보면서 조금씩 이내 마음이 움직였다. 아무리 직업으로 일을 하시는 분들이지만 참으로 대단하신 분들이라는 생각이 들었다.

귀가 들리지 않는 어르신들에게도 "어르신, 오늘은 떡이 나왔네요. 한번 드셔보세요" 하며 떡을 입에 넣어주었고, 손가락이 없어져서 숟가락을 잡을 수 없는 분들에게는 그분들의 손가락이 되어서 음식을 입으로 넣어주며 "꼭꼭 씹어 드세요" 하였다. 눈이 흉하게 형태를 잃어버리게 되어 아무것도 볼 수 없는 할머니에게도 "할머니, 오늘은 생선 색깔이 곱고 싱싱해 보여요"라고 말하는 그분들은 모두가 천사처럼 보였다. 나보다 한 단계가 아닌 몇 단계 더 성숙한 사람들임에는 틀림이 없었다. 이런 일을 직업으로 가진 분들은 지상에 살아 있는 천사라고 불러드리고 싶었다. 그분들의 모습을 유심히 지켜보다가 따라 해 보았다.

이곳 유의배 신부님께서는 40년 가까이 성심원에서 생활하셨다고 하니 참으로 이 세상에는 귀하고 아름다운 사람들이 많다는 것을 절실히 느꼈다. 이런 병은 이 지구상에서 아주 영원히 사라졌으면 좋겠다. 이런 무서운 병에 걸리지 않고 건강하게 살아감에, 손가락 발가락 멀쩡하게 사용할 수 있음에 감사했다. 혼자서 화장실을 다녀올 수 있고, 누군가가 책장 넘겨주지 않아도 스스로 책장을 넘기며 책을 읽을 수 있고, 또 누군가가 밥을 떠먹여 주지 않아도 밥을 먹을 수 있고, 사계절이 바뀌는 자연의 색깔을 직접 눈으로 볼 수 있고, 지금처럼 스스로 글을 쓸 수 있는 현실에 감사하며 살아야겠다는 생각이 들었다. 소중함을 알면서도 잊고 살았던 육신의 작은 것 하나에도, 내 안에서 쉼 없이 움직이고 있는 한줄기 세포에게도 감사의 인사를 하게 되었다. 그날의 값진 경험으로 인해 아이들도 마음속 깊은 곳에서 많은 울림이 있었을 것이라고 생각한다.

타인을 위해 좋은 일을 할 때 우리의 뇌는 스스로의 몸에 좋은 호르몬을 생성시킨다고 하였다. 우리는 살아가면서 나보다 어려운 사람들을 위해서 조금이라도 봉사하며 살아야 할 것이다. 타인을 위하는 것이 곧 자신을 위하는 것이기 때문이다.

생활 속의 독서

봄의 끝자락에 교육담당자로부터 제안이 들어왔다. 산청선비학당에서 초등학교 4, 5학년이 1박 2일로 캠프를 하는데 학부모들도 참석하는 저녁 시간대에 한 시간 정도 강의를 해 달라는 것이었다. 선비문화체험과 함께하는 독서 체험활동 프로그램 중에서 '작가와의 만남' 시간이 있었다. 관심 있는 분야에는 누구보다도 적극적인 나는 그저 최선을 다해야겠다는 생각뿐이었다. 예전에 독서지도사 공부를 하던 시절의 교재들을 다시 꺼내서 어떠한 주제를 정해야 할지를 고민하였다. 나는 '생활 속의 독서'라는 주제를 정하여 늦은 밤까지 꼼꼼히 교안을 만들었다. '연습만이 완벽을 만든다'는 글자를 커다랗게 써 놓고 강의하는 연습을 수십 번도 더 했다. 스스로 부족함을 알기에 그저 열심히 연습을 거듭할 수밖에 달리 방법이 없었다.

드디어 2011년 5월 26일 목요일 늦은 7시에 신안초등학교 4학년 2반 학생들과 첫 만남을 가졌다. 학부모님들도 많이 참석하였다. 자기소개 후에 「자녀를 위한 기도문」이란 시를 낭송하였다. 음악도 좋지만 이런 시로 태교하는 방법도 좋을 것이라고 말해 주었다. 감사하게도 30여 명의 학생들과 20여 명의 학부모들께서 숨죽여 시낭송을 들어주며 내가 하는 이야기에 귀를 기울여 주었다. 먼저 학생들이 생각하는 독서란 무엇인지를 들어본 후에 독서의 정의로 들어가 본격적인 수업을 시작하였다.

　독서讀書란 읽을 독讀, 글 서書로 책을 읽는 것이다. 듀이는 "독서讀書는 일종의 탐험이어서 미지를 개척하는 것과 같다"라고 말하였다. 나는 '독서讀書는 어머니다'라고 정의를 내려 보았다. 어머니는 끊임없이 자녀에게 베풀어 주신다. 그렇듯이 독서를 많이 하게 되면 내 안에 있는 새로운 정보와 지식들을 필요한 곳에 내어줄 수 있기 때문에 어머니의 마음과 같다는 생각이 든다. 과유불급過猶不及이라 하였지만 독서는 아무리 과해도 지나침이 없다. 2011년도 경남교육의 기본 방향에 보면 '책 읽는 학교, 운동하는 학교, 노래하는 학교'가 특색과제로 되어 있다. 내 마음에 쏙 드는 특색과제다. 특히, 그중에서도 '책 읽는 학교'는 시대의 흐름과 잘 맞는다고 생각한다. 지금은 '독서의 시대'라고 해도 과언이 아닐 정도로 독서의 필요성을 강조하고 있다. 앞으로는 독서를 통해서 쓰는 힘과 말하는 힘, 그리고 토론하는 능력을 갖추지 않으면 21세기의 무대에서 경쟁력을 발휘할 수가 없을 것이다. 독서를 제대로 하는 사람이야말로 인간으로서의 자기 성숙과 함께 개인과 국가의 미래, 나아가 인류의 미래를 이끌어 가게 될 것이다.

그렇다면 가정과 실제 생활 속에서 독서를 제대로 실천해 보려면 어떻게 해야 하는지 구체적인 방법으로 다가가 보자.

첫째, 책을 읽는 습관을 만드는 것이다. 매일 잠자리에 들기 전에 이를 닦는 것처럼 최소한 10분이라도 책을 읽는 것이 중요하다. 우리의 뇌는 딱 21일 만 그 무엇인가를 일정한 시간에 지속적으로 반복하게 되면 저절로 습관화된다고 한다. 책을 일정한 시간에 꾸준히 읽어서 독서를 습관으로 만들어 보자.

둘째, 아이와 함께 도서관을 정기적으로 방문하고 서점 나들이를 하는 것이다. 도서관 이용도 하나의 기술이다. 부모는 자녀와 함께 방문계획을 짜고 아이가 책을 스스로 선택할 수 있도록 하여 자기주도적으로 독서를 하도록 지도해야 한다. 요즘에는 지역마다 작은 도서관이 생겨서 도서관 이용이 더욱 편리해졌다. 가끔 헌책방이나 서점 나들이를 하여 책을 직접 사보는 것도 좋은 방법이다.

셋째, 아이에게 부모가 독서하는 모습을 보여주는 방법이다. 부모가 독서를 즐기는 모습을 보여주고 그 모습을 모델로 삼게 하면 좋을 것이다. 아무리 바빠도 아침이나 저녁 시간을 활용하여 자녀의 미래를 위해서 책장을 함께 넘겨보기를 권하고 싶다.

넷째, 집에서 독서할 수 있는 기회를 많이 만들어 주는 방법이다. 아이의 방외에도 집안의 모든 장소, 예를 들면, 식탁이나 침대, 심지어 화장실에도 읽을거리를 놓아두는 것이다. 독서는 생활 속에서 자연스럽게 이루어져야 한다.

마지막 다섯째는 반드시 실천해야 할 것이다. 바로 다양하고 흥미로운 독후활동을 많이 하는 것이다. 여러 가지 독후활동 중에서도 독서 노트를 적는 것이 중요하다. 아이가 초등학교 때부터 고등학교 3학년까지 독서 공책만 꾸준히 쓴다면 나만의 책이 여러 권 생길 뿐만 아니라 입학사정관제로 대학 진학이 쉬울 수도 있다. 이러한 여러 가지 독후활동을 통하여 자신의 생각을 밖으로 끄집어내서 그것을 표현하는 능력을 길러야 한다.

강의 중간중간 최대한 지루하지 않도록 학생들과 학부모에게 질문을 많이 하였다. 또한, 창작동화『강아지 똥』이란 책의 내용으로 간단한 독후활동을 해 보고 발표도 하도록 하였다. 발표를 잘한 학생에게는 내가 감동적으로 읽은『가시고기』라는 책을 선물해 주었다.

마지막으로 학생들에게 독서讀書를 한 후에 '독서 노트'를 쓸 것을 한 번 더 당부하였다. 나는 어느 교육에서 귀동냥을 하여 '제품의 하자는 생산자의 책임이다'라는 말을 우스갯소리로 자주 한다. 하지만 이 말에는 그만큼 부모의 역할이 중요하다는 숨은 뜻이 들어 있다. 우리 부모들은 자녀와 함께 생활 속의 독서讀書를 실천하여 자녀의 독서 능력을 향상시켜서 인격 형성과 자기완성을 이루는데 진정한 조력자가 되어야 할 것이라고 강조하면서 수업을 마무리하였다.

배운다는 것은 자신을 낮추는 것이고 가르친다는 것은 자신을 두 번 낮추는 것이라고 하였다. 낮은 마음으로 학생들과 눈높이를 맞추려고 노력하였다. 학부모들에게는 실제 내 아이의 경우를 예로 들어서 독서의 필요성을 알려 주었다. 특강을 하면서 오히려 내가 더 많이 배우고 더 성숙해지는 시간이었다.

애지욕기생愛之欲其生

애지욕기생愛之欲其生, 논어에 나오는 말이다. '누군가를 사랑하는 것은 그 사람이 살아가도록 이끌어준다'는 뜻이다. 사랑하는 사람을 위해 배려해 주고, 위로해 주고, 그에게 정을 줌으로써 그가 용기를 가지고, 삶을 밝게 살아가도록 해주는 것을 의미한다. 지난 10월 6일에 아들은 나라의 부름을 받고 군대에 갔다. 대한민국 남자라면 군대에 가야 한다며 너스레를 떨고 담담하게 받아들였지만, 어미의 심정은 애가 탔다. 어느 어미인들 군대에 가는 자식 앞에서 마음이 편하겠는가? 더군다나 체력이 약해서 군대 생활을 잘 견뎌낼지 걱정이 되었다. 스무 해 넘게 길러 온 머리카락을 자르는 아들의 뒷모습을 보고 있자니 마치 내 살점 하나가 떨어져 나가는 듯 명치끝이 아렸다.

10월 6일, 입영문화제와 현역병 입영식을 마치고 5주 동안 39사단 신병교육대대에서 훈련을 받았다. 그나마 고마운 것은 그 부대의 인터넷 카페가 있다는 사실이었다. 그 카페에 어떤 훈련을 받는지 하루의 일과표가 올라오고 훈련 사진도 가끔 올라와 그나마 안심할 수가 있었다. 사격훈련이나 수류탄훈련, 화생방훈련과 각개전

투, 20km 야간 행군과 같은 고도의 훈련 일정이 올라오면 두 손을 모아 더 간절하게 기도를 하였다. 기도의 대상은 내 아들뿐만이 아니었다. 함께 입영한 훈련병들이 무탈하게 훈련을 마칠 수 있게 해 달라고 기도했다. 아침에 눈을 뜨면 동이 트기도 전에 컴퓨터를 켜고 부대 카페에 들어가 매일 매일 아들에게 인터넷 편지를 썼다. 너무나도 보고 싶었지만 '보고 싶다'는 말은 눈물이 날까 봐 한 번도 쓰지 못했다. 그저 잘 지내느냐는 안부와 가족들의 소식을 전하는 것이 주를 이루었다.

그렇게 하기를 열흘째 되는 날, 장정 소포 하나가 현관문을 성큼 열고 들어왔다. 마음과는 달리 얼른 열어보지 못하고 소포를 끌어안았다. 소포를 열기도 전에 재빨리 달려온 눈물이 온통 눈 앞을 가렸다. 아들이 신고 갔던 운동화와 옷가지들과 편지가 들어 있었다. 옷을 품고 있자니 집안 가득 아들 냄새가 풍겼다. 떨리는 손으로 편지를 읽었다. "아버지, 어머니 잘 지내십니까?"로 시작되는 손 글씨로 쓴 두 장의 편지를 읽고 또 읽었다. 하염없이 흐르는 눈물이 그치면 그만 읽으려나 했는데 새벽 두 시가 지나도록 편지를 읽고 있었다.

훈련 기간에 많이 배워서 자대에 가서도 임무를 수행하는 든든한 대한민국의 군인이 될 테니 아무 걱정 마십시오. 아버지 어머니 사랑합니다. 군인 박진우 올림.

이 세상에서 내 가슴을 이토록 뜨겁게 달군 편지가 또 있을까? 읽어도 읽어도 끝이 없는 내 생애 가장 긴 편지였다.

아들은 11월 12일자로 신병훈련을 무사히 마치고 이병이 되어 39 사단 군악대로 배치를 받았다. 신안초등학교 때 관악부 악장으로 색소폰 연주를 한 덕분이었다. 집과 가까운 함안으로 자대배치를 받아서 조금은 다행스러웠다. 남은 군대 생활도 무탈하게 하기를 간절하게 기원한다.

지금은 눈물 나게 그립고 애가 타는 사랑이지만 나에게 *愛之欲其生*(애지욕기생), 이러한 사랑이 있으니 이 어찌 행복하지 않겠는가?

중국 땅을 밟다

사람은 어머니 뱃속에서 한 번 태어나고 여행을 하면서 두 번 태어난다고 한다. 2015년 2월 21일 토요일에 우리는 두 번 태어났다. 3박 4일 일정으로 중국 북경으로 첫 가족 해외여행을 가게 되었다. 법적 가족은 아니지만 가족 같은 두 동생네와 동행을 하게 되었다. 우리는 비행기를 타고 하늘길을 달렸다. 비가 내리고 구름이 많아서 비행기가 흔들린다는 안내방송이 수차례 나왔지만 낯선 곳으로 여행을 떠나는 우리들의 설렘을 막을 수는 없었다. 그러나 내 의지와 상관없이 멀미를 심하게 하고 말았다. 기대와 달리 출발부터 힘들었으니 앞으로는 좋은 일만 생길 것이라고 마음속으로 최면을 걸었다.

비행기는 약 세 시간을 날아서 베이징공항에 도착했다. 다행스럽게도 북경의 하늘은 비를 뿌리지 않고 우리를 따스하게 반겨주었다. 모노레일을 타고 들어온 수화물을 찾아 공항 출입구로 나가서 현지 가이드를 만났다. 한국말을 하는 가이드를 만나니 마치 심봉사와 심청이의 상봉처럼 기뻤다. 교포 3세라고 자신을 소개한 가이드는 우리를 친절하게 안내해 주었다. 북경은 서울과 한 시간의 시

차가 있었다. 먼저 북경오리 요리로 이른 저녁을 먹고 우리나라 명동거리와 비슷하다는 '왕정부거리'를 거닐었다. 그곳은 서울의 명동거리와 같아서 사람 파도에 밀려다녔다는 표현이 더 정확하겠다. 사람과 사람 사이의 거리는 한 뼘도 되지 않았다. 어디가 시작인지도 어디가 끝인지도 모를 북경의 밤거리를 남편의 손을 꼭 잡고 걸었다. 먹거리 골목에는 별의별 먹거리가 지천으로 널려 있었다. 곰발바닥, 양고기, 지네, 참새, 전갈, 뱀 등 여러 가지 꼬치집이 줄지어서 여행객의 발길을 잡았다. 우리 가족은 전갈 꼬치 먹기에 도전을 해 보면서 소리를 지르기도 하였다. 특히 모기 눈알 요리는 보지는 못하였지만 박쥐의 배설물에서 골라낸다고 했다.

왕정부거리를 돌아 나와 운하원이라는 호텔로 향했다. 그곳에서 야경을 바라보는데 'LG'와 'SK' 상호가 눈에 확 들어왔다. 모두들 반가워하며 카메라 셔터를 눌러댔다. 한국과 북한을 합친 면적의 44배라는 땅을 자랑하는 중국이지만 북경을 대표하는 택시도 우리나라 현대에서 만든 차라고 하였다. 우리나라에서는 '아반떼'라고 부르는데 여기서는 '엘란트라'라고 부른다고 한다. 가이드의 이 말에 또다시 감탄하였고 대한민국 국민의 한 사람으로 자부심이 느껴졌다. 호텔 객실을 배정받고 짐을 정리한 후, 호텔 안에 있는 온천장에서 온천욕을 즐기며 중국에서의 첫날 밤은 그렇게 깊어갔다.

2월 22일 일요일, 아침 6시에 기상을 하여 호텔 식당에서 아침

밥을 먹고 바로 만리장성으로 출발하였다. 이른 아침 시간이 오히려 덜 복잡하다는 가이드의 말을 따르기로 한 것이다. 만리장성은 중국 역대 왕조가 다른 나라의 침입을 막기 위해 2,000년에 걸쳐서 쌓아 올린 성벽이라고 하였다. 세계문화유산에도 등록된 인류역사상 최대 규모의 토목공사 유적지다. 성벽의 길이는 무려 21,196km이고 만 리, 약 4,000km보다 무려 다섯 배 이상 길어 이곳을 완주하는데 걸리는 시간은 5개월 10일이나 걸렸다고 한다. 책에서만 보고 말로만 들었던 그 만리장성에 내 두 발을 올려놓았다. 그 순간 그 거대함 앞에서 감탄사는 내 허락도 없이 툭툭 튀어나왔다. 동행한 가족들은 쌩쌩 부는 눈바람에도 핸드폰으로 열심히 사진을 찍었다. 행여 성벽을 쌓다가 죽음을 맞이하게 되면 그곳에 바로 묻어버렸다는 전설 같은 이야기가 내 온몸을 붙잡고 발길을 멈추게 했다. 이 때문에 이곳을 '세계 최대의 무덤'이라고도 일컫는다고 하였다. 끝없이 펼쳐진 발아래 풍경을 바라보고 있자니 흰 눈바람이 세차게 불어와 내 육신을 구석구석 휩쓸고 다녔다. 어쩌면 나약하고 억울한 그들의 영혼이 바람이 되어 우리에게 말을 거는 것인지도 모른다는 생각이 들었다. 모든 일에는 좋음과 나쁨이 공존하거늘 만리장성이라고 예외이겠는가?

　만리장성의 거대한 모습에 입을 다물지 못한 채 새로운 장소로 이동했다. 사람들은 버스에 타서도 만리장성 쪽으로 일제히 고개를 돌리며 아쉬워하였다. 다음 코스는 2008년 베이징올림픽이 열린 올림픽 공원이라고 했다. 우리나라 수영선수 박태환이 금메달을 획득한 올림픽촌의 국가체육관을 지났다. 이곳은 외부 관광만 하고 발 마사지 체험을 하는 곳으로 향했다. 우리 일행 19명 모두 다 발 마사지를 받았다. 마사지사들은 나이가 많은 사람도 있었고 아들 또래로 보이는 젊은 남자와 여자도 있었다. 따뜻한 물에 발을 담그면 두 발을 씻어주고 나서 발 마사지를 해 주었다. 내 발을 이렇게 정성껏 주물러 준 사람이 있었던가? 하는 생각에 '감사합니다'라는 뜻의 중국말인 '쎄쎄'를 과도하게 써먹었다. 마사지를 하는 분과 눈이 마주치면 미안하고 고마워서 또 '쎄쎄' 하면서 방긋 웃어주었다. 새로운 발 마사지 체험에 우리는 한결같이 얼굴이 화사해졌다.

　점심을 먹고 중국 황제와 황후가 유람하던 곳이라는 이화원으로 향했다. 가이드로부터 서태후와 동태후의 정사에 관한 이야기를 들으니 참으로 놀라웠다. 3,000여 칸이나 된다는 전당, 누각, 정자를 둘러보았다. 인공적으로 만들었다는 호숫가에서 인파에 떠밀려가면서도 사진을 찍었다. 사람이 하도 많아서 미로 같은 길을 가이드 뒤로 졸졸 따라갔다. 이화원을 둘러보고 라텍스에 들러 인체에 좋다는 침구류를 구경하였다. 그리고 바로 인근에 있다는 798예술의 거리로 갔다. 이곳은 군수 산업기지 공장지대였던 거리를 개조하여 예술 특구로 거듭난 곳이라고 하였다. 독특한 갤러리와 찻집이 줄줄이 보였다. 하나의 건축물이 모두 예술작품으로 보이는 이색적인 거리였다. 여유만 있으면 이 독특한 거리를 천천히 둘러보고 싶었지만 주어진 시간이 짧아서 아쉬움을 남기고 돌아서야만 했다.

저녁을 먹고 천지극장에서 중국 고유의 전통예술인 '북경 서커스단의 쇼'를 관람하였다. 무술 공연과 더불어 외줄타기 묘기를 보이는데 마치 사람들이 연체동물 같았다. 얼마나 연습을 하면 몸이 저렇게 유연하게 자유자재로 움직이는 것일까? 큰 박수를 보내며 서커스를 관람하고, 거대한 쇼핑의 거리라는 세무천계로 갔다. 북경 3대 야경 중 하나라고 했지만 늦은 시간이라 제대로 둘러보지는 못했다. 가이드가 시간 안배를 지혜롭게 해서 차가 밀리지 않는 시간대를 최대한 이용하여 알뜰하게 관광을 즐길 수 있었다.

2월 23일 월요일, 첫 일정으로 중국 황실 태의원에 약을 대던 동인당이란 곳에 들러 진맥을 하였다. 더러는 약을 짓기도 하였다. 그곳에서 우리 가족의 체질에 대해서 알게 되었고 약값이 부담스러워 약을 짓지는 못했다. 나는 어혈이 뭉쳤다고 하면서 운동 부족이라고 했다. 귀국하면 운동을 좀 해야겠다는 생각이 들었다. 그곳을 나와서 우리 일행은 은근히 기대를 하고 있었던 인력거 타는 곳으로 발걸음을 옮겼다. 중국의 고관들이 살았던 민가와 수십억 원씩 한다는 고가를 둘러본 후 인력거에 두 명씩 짝을 지어서 탔다. 나는 남편과 타고 딸아이는 아들과 인력거를 탔다. 우리가 탄 인력거를 운전하는 사람은 중년의 남자였는데 그분의 나이를 생각하다가 조금 미안해지기도 했다. 아무리 세속적인 계산법으로 셈을 한다고 하지만 이 추운 날씨에 인력거를 끄는 것은 쉬운 일이 아닐 것이다. 또 '쎄쎄'를 남발하며 인력거를 탔다. 인력거를 타고 거리를 돌아보는데 마치 내가 이화원을 누비는 엄청난 권력자였던 서태후라도 된 것 같은 착각에 빠졌다. 남편은 "나한테 시집오길 잘 했제" 하며 그들에게 팁을 배로 주었다. 아들도 아빠를 따라서 팁을 배로 주었다. 중국에는 팁 문화가 관례처럼 되어 있어서 발 마사지 후에도 팁을 주었고 호텔에서도 자고 나올 때 팁을 베개에 올려 두었다. 남자들은 퇴직을 하면 중국에 와서 인력거 운전을 해야겠다고 하면서 노후에는 중국에서 보내자며 서로 웃었다.

다시 버스를 타고 황제의 신전이라는 천단공원으로 향하였다. 그곳은 그야말로 인산인해를 이루고 있었다. 명·청 시대에는 이곳에서 황제가 하늘에 오곡 풍작을 기원하며 제를 지냈다고 하였다. 그 광활함에 감탄하지 않을 수가 없었다. 천단을 소개하는 표지판이 한글로도 되어 있어서 이해가 빨랐고 지도상에서는 작지만 대한민국의 위상을 느낄 수가 있었다. 가는 곳마다 크고 넓고 광대한 규모를 자랑했다. 시야를 넓히려면 중국을 다녀오라는 말이 실감이 났다. 길거리에는 자기 키만 한 붓으로 서예를 하는 분이 보여서 그 곁으로 다가가 한참을 지켜보았다. 더 지켜보고 싶었지만 다리도 아프고 패키지로 떠난 여행이라 홀로 설 수가 없어서 일행들과 함께 가이드를 따라 걷고 걸었다.

우리는 점심을 먹고 수도박물관에 들렀다. 여권 확인과 몸수색을 하고 난 후 입장을 할 수 있었다. 그곳에는 청동기 시대의 유물부터 명나라, 청나라유물까지 다양하게 전시되어 있었다. 총 2만 5천여 점이 넘는다고 하니 놀라지 않을 수가 없었다. 지하에 있는 유물들만 둘러보는데도 한 시간이 넘게 걸렸다. 그야말로 유물이 넘쳐났다.

　다음 일정은 정말로 가보고 싶었던 중국 황제들이 살았던 자금성으로 향했다. 자주색단청을 하고 금지된 성이라는 의미로 자금성이 되었다는 그곳은 명나라와 청나라의 중심지였다. 1988년 개봉된 베르나르도 베르톨루치의 영화 〈마지막 황제〉의 배경으로 알려진 자금성, 과연 그 웅장함은 상상을 초월하였다. 자금성에 걸린 모택동 사진을 지나 정문인 천안문 안으로 들어섰다. 그 웅장함 뒤에는 소박한 중국인들의 묘한 매력을 느낄 수가 있었다. 운동하러 나온 사람들이 제기차기를 하고 있었고, 춤을 추는 사람들도 종종 보였다. 남편은 제기차기를 하는 현지인들에게 몸짓으로 말을 걸고는 대결을 신청하였다. 승부 욕이 강하고 운동신경이 발달한 남편이지만 제기차기가 생활화된 현지인을 당하기는 어려웠다. 뒷발로도 제기를 차는 모습이 묘기 수준이었다. 제기를 하늘로 차올리며 한바탕 게임을 하였다. 말이 통하지 않아도 서로 하나가 되어 놀다가 단문과 오문을 지나 고궁이라는 이름이 보이는 곳으로 갔다. 깃발을 든 가이드를 따라가니 '3전'이라 부르는 태화전, 중화전, 보화전이 나타났다. 요즘에는 이 일대에서 세계적인 공연도 많이 열리고 시민들의 휴식 장소가 되었다고 한다. 1987년에 유네스코가 지정한 세계문화유산으로 등록되었다고 했다. 이곳은 음기가 세서 괴이한 일이 일어나기도 한다는데 지금도 오후 4시 30분이면 어김없이 자금성 문을 닫는다고 하였다. 그 말을 들으니 갑자기 등골이 오싹하였다. 그곳에서 두 시간가량을 걸었는데도 힘들다고 투정하는 사람이 한 명도 없었다. 그저 중국의 광대함에 놀라움을 금치 못하였고 커다란 애드벌룬처럼 마음이 부풀었다.

 드디어 저녁 시간이 되었다. 너무 많이 걸어선지 기름기가 다분한 중국 음식도 꿀맛이었다. 준비가 철저한 동생들이 가져온 깻잎과 고추장, 김은 인기폭발이었다. 역시 한국인의 입맛은 어쩔 수가 없었다. 저녁을 맛있게 먹고 〈금면왕조〉를 관람하였다. 금면왕조는 고전 작품으로 세계 9대 기적 삼성퇴문화를 이야기의 배경으로 하여 지혜, 관대, 너그러운 사랑 속에서 금면 여왕의 품격과 왕조의 휘황찬란함을 담았다고 하였다. 금면왕조를 관람하는데 1인당 50달러나 비용이 들었다. 내심 너무 비싸다는 생각이 들었고, 오늘 너무 많이 걸어서 피로해진 사람들은 공연을 보면서 졸음이 올 것 같다고 하면서 느린 걸음으로 입장을 하였다. 그러나 상상 밖의 대형 무대 스케일에 한시도 눈을 뗄 수가 없었다. 360도로 회전하는 무대와 특히 수백 톤의 홍수 무대로 실제로 거대한 물이 밀려드는 장면, 살아 있는 흰 공작새와 함께 춤을 추는 사람들, 금면 여왕이 아기를 안고 사라지는 장면 등, 모든 장면들이 신비로움과 감동을 주기에 충분하였다. 또한 한글 자막이 올라와서 이해가 되었고 아주 뿌듯하였다. 무대는 막이 내렸는데도 공연장을 쉬이 돌아서 나오지 못하였다. 내용은 다 이해할 수 없었지만 잔잔한 감동이 밀려왔고 다들 한 번 더 보고 싶다고 말을 할 정도였다.

그날의 일정을 마무리하고 호텔로 향하는 길에 호텔이 여기서 가깝다는 가이드의 말에 누군가가 "십 분이면 도착하겠네요" 했더니 중국에서는 가깝다고 해도 30분 이상을 가야 한다고 하였다. 북경에서의 마지막 밤을 쉬이 잠들지 못하고 한방에 모여 이야기꽃을 피웠다. 한국 지인이 배달시켜 준 과일바구니의 과일을 감사한 마음으로 나누어 먹고 잠자리에 들었다.

2월 24일, 아침에도 역시 북경의 하늘은 맑았다. 옥, 비취, 진주가 전시되어 있는 쇼핑장에 들렀다. 차를 파는 곳에서와 마찬가지로 한국인이 한 분 계셔서 상세한 설명을 해 주었다. 우리 여자들은 하나같이 진주 크림을 탐내었고 모두 구매를 하게 되었다. 쇼핑을 하고 코리아타운에서 점심을 먹었다. 식당에 들어서니 전영록의 〈사랑은 연필로 쓰세요〉라는 노래가 흘러나왔다. 마치 한국식당인가 하는 착각이 들었다. 모처럼 김치와 소고기 전골로 점심을 먹고 베이징공항으로 향했다.

이번 여행을 가지 않았다면 평생 후회할 뻔했다. 아들과 딸도 만족스러워하며 역사 공부도 제법 되었다며 중국여행을 한 번 더 가고 싶다고 하였다. 비용은 생각보다 많이 들었지만 결혼 20주년인 해였기에 중국 북경의 땅을 밟아보길 참 잘했다는 생각이 들었다. 만만디의 나라 중국에서 3박 4일은 짧은 일정이었지만 참 좋은 사람들과 내 생애 최고로 소중한 여행이 되었다. "아~ 나에게 또 이런 날이 오려나?" 독백처럼 내뱉으며 산청의 포근한 하늘 품에 안겼다.

시낭송으로 마음껏 소리 지르자

지난해 방학 때는 신안면 주민자치센터와 산청도서관에서, 올 여름방학에는 평거초등학교에서 어린이 시낭송 아카데미를 개최하게 되었다. 처음으로 시낭송을 접하는 학생들은 새로운 수업에 대한 호기심으로 눈빛이 밤하늘의 별처럼 반짝거렸다. 첫 수업 시간에는 '시낭송이란 무엇인가?'에 대하여 알아보며 시낭송의 기초를 접하게 해주었다. 시를 직접 낭송해 본 후에는 '내가 생각하는 시낭송이란 무엇인가'에 대하여 각자의 생각을 발표하게 하였다.

D라는 학생은 '시낭송이란 하늘'이라며, 그 이유는 시낭송을 하면 마음이 하늘처럼 맑고 넓어지기 때문이라고 하였다. H라는 학생은 '시낭송은 청소기'라고 하였다. 왜냐하면 마음속에 쌓인 감정을 마음껏 뿜어내어 청소를 한 듯한 느낌이 들고 시낭송할 때는 어느 누구라도 자신의 감정을 드러내야 하기 때문이라고 하였다. 그리고 J라는 학생은 '시낭송이란 총소리'라고 하며, 이유는 100음도까지 올라가서 소리를 질러보니까 총소리처럼 우렁차고 왠지 기분이 좋았기 때문이라고 하였다. S라는 학생은 시낭송이란 '돼지저금통에 들어가는 동전'이라면서, 시낭송을 할 때마다 동전이 쌓이는 것처

럼 마음의 지식이 쌓이기 때문이란다. 또 다른 D라는 학생은 '시낭송은 정수기'라면서, 매일 아름다운 언어로 시낭송을 하니까 그 시낭송이 정수기처럼 마음을 깨끗하게 해주어서라고 하였다. 또 K라는 학생은 '시낭송이란 떡볶이'라고 하였는데, 처음에는 매워서 먹기 힘들지만 한번 먹어 보면 자꾸만 먹고 싶어지는 떡볶이와 같아서라고 하였다. 아이들이 발표하는 모습을 보니 참으로 다양하고 창의적인 생각들이 많았다. 마치 연둣빛 세상을 보듯 감탄사가 저절로 나왔다.

특히, 시낭송의 이론을 보면 음도 활용법에 '발성 4단계' 중에 '100음도'가 있다. 이는 가장 높은 음성으로 시낭송에서는 거의 사용되지 않지만 시극을 할 때는 사용하기도 한다. 웅변에서 클라이맥스와 같은 이 음도를 연습하다 보면 학생들이 거의 미친 듯이 소리를 지르는 모습을 발견할 수 있었다. 평소에 내향적이고 순한 학생들 악을 쓰며 소리를 지르는 것이었다. 아이들이 무엇인지 몰라도 내면에 쌓인 것이 있구나 하는 생각이 들었다. 어쩌면 마음껏 소리 지를 곳이 없거나 마음껏 소리 지르는 것조차 허락되는 공간이 없다는 것을 의미하는 것인지도 모르겠다. 우리 아이들이 감정을 마음대로 발산하지 못한 채 하루하루를 살아가고 있는 것은 아닌지 어른으로서 살펴볼 일이다.

아이들이 소리를 지르고 싶을 때는 "안 돼, 조용히 해"라고 막지 말고 마음껏 소리를 지르게 해야 한다. 그렇다고 아무 곳에서나 소리를 지르게 하라는 뜻은 아니다. 아이들의 내면에 쌓인 감정을 밖으로 꺼내어 표출하게 도와주어야 한다. 알게 모르게 아이들의 내면에는 무엇인가가 쌓여 있기 때문이다. 그것이 부정적일 때는 더욱더 표출하게 적극적으로 도와주어야 한다. 이는 비단 아이뿐만 아니라 어른도 마찬가지다. 그러다 보면 어느새 내면이 정화되고 치유되는 느낌이 들 것이며, 시낭송의 낮은 음도와 보통의 음도, 높은 음도를 조율해 보면서 자신의 감정을 자유롭게 표현하는 능력을 자연스럽게 기르게 될 것이다. 이렇게 표현력이 길러지면 시를 올바르게 이해하고 낭송하게 될 것이며, 나아가 자신을 자유롭게 표현하면서 저절로 자신감과 자아존중감이 향상되어 진정으로 정서적인 행복이 느껴지게 될 것이다. 따라서 자라나는 아이들에게는 몸의 운동, 그 위에 시낭송으로 마음의 운동을 하는 것이 절실하게 필요하다.

언젠가는 지리산 자락에 산청 아이들의 시낭송이 울려 퍼져 가을 밤하늘을 아름드리 수놓을 것이리라. 종업식에서 성적표 대신에 자신이 쓴 시를 수여 받게 되는 날이 오지 않을까?

시낭송이 하나의 교과목이 되어 아이들의 시낭송하는 소리가 학교마다 울려퍼지는 날이 오지 않을까?

제2부

문학기행기

풀꽃문학관, 나태주 시인과 함께

2017년 4월 9일은 특별한 봄날이다. 바로 산청 필봉문학회에서 봄 문학기행 가는 날이다. 벚꽃이 하얗게 만개하여 회원들의 마음을 한층 더 설레게 하였다. 우리 일행은 미리 예정된 공주의 풀꽃문학관을 향하여 달려갔다. 차 안에서 서로 인사를 나누며, 전날 별세하신 한국 문단의 거목, 황금찬 시인의 시 한 소절을 읽으며 고인의 명복을 빌어 드렸다. "사람아 입이 꽃처럼 고와라 그래야 말도 꽃같이 하리라"

버스는 산청에서 9시경에 출발하여 공주 풀꽃문학관에 도착하니 12시가 되었다. 주차장 위쪽을 보니 풀꽃처럼 아담한 작은 문학관이 보였다. 작지만 묘한 매력이 느껴졌고 결코 작지 않은 문학관으로 보였다. 나태주 시인께서는 오전에 도착한 울산문학회 회원들을 대상으로 시 특강을 하고 계셨고, 사모님께서 우리를 반갑게 맞이해 주셨다. 강의를 마친 나태주 시인과 사모님께서는 풀꽃문학관과 가까운 식당에서 우리 일행과 함께 점심을 하고 다시 문학관으로 올라왔다. 맨 먼저 할미꽃과 이름 모를 봄꽃들이 화단에서 우리를 반겼고 「풀 꽃」 시비도 방긋방긋 웃으며 산청사람들을 반겨 주었다.

「풀 꽃」 시비

  우리 문학회 회원들의 소개를 하고 난 후, 나태주 시인께서는 풍금을 치며 「풀 꽃」이라는 시 노래를 함께 부르자고 하였다. 우리는 풍금 소리에 맞추어 어린 학생처럼 노래를 불렀다. 시 노래 한 곡으로 서먹함은 사라지고 어느새 모두가 한마음이 된 듯하였다. 새삼 음악의 힘을 느꼈다. 결국 모든 예술은 음악의 세계를 동경하는 것일까? 풍금을 치는 나태주 시인의 모습에서 무한한 평화로움이 느껴졌다. 내 마음에도 평화의 물결이 일었다. 초등학교 시절 풍금을 치던 선생님의 얼굴과 단짝 친구의 얼굴이 떠올랐다.

풍금 치는 나태주 시인

김태근

햇살 고운 봄날에
나태주 시인이 풍금을 친다
산청 문인들에게 풍금 소리 들려주고
'풀꽃'이라는 시 노래를 들려준다

산청 문인들은 함께 시 노래를 부르며
너도나도 한마음이 되었다

풀꽃들도 풍금 소리에 나풀나풀 노래하고
긴장 속의 이내 마음도 나풀나풀 풀꽃이 된다

풍금 치는 나태주 시인

시 노래를 부른 후 곧바로 시 특강을 하셨다. '시를 어떻게 쓸 것인가?', '시인이란 무엇인가?'라는 주제로 열정적인 특강을 해주셨다. 시인께서는 대학에서 전공한 것도 아니고 문예창작학과에서 시를 따로 배우지 않았다고 하였다. 그저 수많은 책을 읽었고 그 책들이 바로 스승이라고 하시며, 주로 한시를 읽었고, 오랜 세월 부대끼면서도 살아남은 아름다운 작품들이 실린 고전을 많이 읽었다며 다독多讀을 권하였다. 날마다 이 세상 첫날처럼, 날마다 이 세상 마지막 날인 것처럼 살라고 하면서 매일 아침 나를 깨어나게 해서 감사하다고 하셨다.

시는 나도 모르게 무의식세계에서 울컥 솟아오르는 그 무엇이며, 달빛이나 햇빛에 비치어 반짝이는 잔물결인 윤슬 같은 것이라고 하셨다. 여러 단시에 대하여 설명해 주시며 우리나라 시조와 일본의 하이쿠시에 대하여도 설명해 주셨다. 시를 쓸 때 중요한 것은 한시의 선경후정前景後情이라며, 앞에는 풍경을 표현하고, 뒤에는 시인의 심정을 표현하라고 하였다. 시란 보이지 않는 것을 보이는 것으로 바꾸고, 들리지 않는 것을 들리는 것으로 바꾸는 작업이라며, 시를 쓸 때는 묻고 답하기 식으로 쓰면 현실적 생활 자체가 그러하기에 대중에게 더 공감을 얻고 더욱더 친숙하게 다가갈 수 있다고 하셨다. 자작시「풀 꽃」을 예로 들어서 쉽게 설명해 주었기에 더 와 닿았다. 또한 좋은 시를 쓰기 위해서는 평상시에 좋은 말, 부드러운 말을 하는 습관을 들이고 독자의 마음을 살피고 타인의 아픔을 읽어

내고 배려할 줄 알아야 한다고 하셨다.

　요즘에는 진정성이 없는 시를 쓰는 시인이 많은 것 같다고 안타까워하시며 시인이란 번지르르하고 어려운 언어를 불러 모으는 것보다는 진정성을 가지고 경전을 쓰는 마음가짐으로 시를 써야 한다고 강조하셨다. 시인이란 시만을 생각하는 사람이어야 하며 꿈속에서도 시를 생각해야 한다고 하셨다. 어느 시인께서 했다는 '시는 질투심이 많아서 다른 데로 갔다가 오면 받아주지 않는다'는 말을 인용하시며 온전히 시에 집중하기를 당부하였다. 나태주 시인의 특강을 들으며 시인의 길이란 무엇일까? 스스로를 돌아보며 상념에 잠겼다.

시인의 길

김태근

시인의 길이란 무엇일까

풀꽃 시인의 특강을 들으며
스스로를 돌아본다

새싹이 돋아나고
꽃이 만개하는 화려함 뒤의
그 아픔을 읽어 내는 힘
그 뒷모습을 조용히 보듬어주는 것

끊임없이 내면을 다듬고
스스로의 뒷모습을 다듬는 것
나의 뒷모습을 아름답게 만드는 것
타인의 뒷모습도 아름답게 보는 눈

시인의 길,
아직도 도무지 알 수 없는 길이다
비밀스런 그 길
오늘도 나는 그 길을 가고자 갈망한다

시인께서는 특강을 마치고 앞으로 산청의 문학이 나날이 발전하기를 바란다고 하셨다. 그리고는 대표 시를 담은 조그마한 시집을 모두에게 선물해 주셨다. 공주 풀꽃문학관에 오시는 분들에게 무엇인가 선물을 하고 싶은 생각 끝에 45년 동안 쓴 시 중에서 25편을 골라서 수록한 풀꽃 같은 시집이었다. 책에 일일이 사인을 해 주시며 그 곁에는 사모님께서 밀착하여 도와주셨다. 남편에게 조용히 배려하고 내조하는 모습을 보며 스스로 반성이 되었다.

우리는 산청 특산물인 산청 딸기로 감사의 마음을 전하였다. 또한 산청군수께 친필로 편지를 써서 필봉문학회와 시낭송회 외 산청 문학의 발전을 기원해 주신 그 고마움에 대하여 정동교 고문께서 감사의 인사를 전하였고, 큰 박수로 나태주 시인과 사모님께 화답해 드렸다.

다음 코스인 계룡산 갑사로 가기 위해서 아쉬운 마음으로 발길을 옮겼다. 못내 아쉬워하며 인사를 하고 주차장으로 내려왔다. 혹시나 해서 뒤돌아보니 사모님과 함께 아직도 우리를 향해 손을 흔들고 계셨다. 산청을 닮은 정겹고 따뜻한 분들이라는 생각이 머리에 스쳤다. 우리도 두 손을 흔들며 풀꽃문학관의 먼 풍경을 바라보며 발길을 옮겼다.

　계룡산 갑사 가는 길은 봄의 절정을 자랑하듯 봄꽃들이 예쁘게
피어 있었고 고목과 어린 연둣빛이 고운 햇살 아래 고개를 쏘옥 내
밀고 있었다. 실은 가보고 싶은 사찰이었지만 처음으로 와 보는 곳
이다. 주지 스님은 갑사는 말 그대로 수행의 가풍과 사찰의 품격이
갑종甲種의 사찰을 지향함과 동시에 모든 사찰 중 수위를 차지한다
는 의미로 충남의 사찰 중 춘마곡春麻谷, 추갑사秋甲寺를 이야기한
다면서, 서기 420년경에 세워지고 1600년을 성주괴공成住壤空 하
는 동안 역대 스님들의 원력과 지혜의 모습이 곳곳에 남아있다고
하였다.

　오랜 역사가 숨 쉬는 갑사 입구에 다가서니 마음마저 숙연해졌
다. 가로수 길을 지나 사찰 안으로 들어서니 벚꽃이 만개하여 쉬어
가라 속삭이는 듯하였다. 그 손짓을 거부할 수가 없었다. 여유만 있
으면 한 며칠 이 풍경 속에 머물며 상념에 빠져 보고 싶었다. 삶의

과정 중에서 무엇을 최우선으로 둘 것인지, 기로에 서서 자아 탐색의 시간을 가지고 싶었다. 그저 주어진 일에 최선을 다해 앞으로만 달려가려는 스스로를 붙잡고 쉼을 가지며 '참나'를 만나 연둣빛 봄길을 거닐고 싶었다. 그 누구도 아닌 '참나'와 진정한 대화를 나누고 싶은 생각이 뇌리를 지배했다.

갑사를 둘러보고 내려오는 길에 우리는 가벼운 마음으로 말로만 듣던 공주 알밤 막걸리 한 잔에 건배를 하며 행복을 누렸다. 함께 못한 회원들 생각에 아쉬움이 컸지만 건강상 함께하지 못하고 격려해주시는 김규정 고문 외 필봉문학회 모든 분들에게 감사를 드리며 또 건배를 하였다. 몇 날 며칠을 노심초사했었는데 문학기행의 일정을 무탈하게 마치고 산청 하늘 아래로 돌아오니 감사의 기도가 절로 새어 나왔다. 우리의 고장 산청에도 아름다운 문학관이 건립되는 그날을 꿈꾸며 필봉문학회 문학기행은 계속되리라.

봄날의 꿈

김태근

봄꽃이 피어나고
어린 연둣빛 세상 밖으로
고개를 쏘옥 내민다

문학을 사랑하는 산청사람들
때 이른 아침을 타고
문학의 향기를 찾아 길을 나선다

비슷한 생각 비슷한 꿈을 꾸며
보폭을 나란히 하는 사람들이 있다는 것,
이 얼마나 큰 축복인가

날마다 마음의 뜨락을 가꾸고
날마다 문학의 뜨락을 가꾸면
언젠가는 문학이 숨 쉬는 집 한 채 세우리라

시문학파기념관, 다산기념관, 다산초당을 거닐며

해마다 봄이 오면 산청 필봉문학회에서는 설레는 마음으로 봄 문학기행을 떠난다. 2009년부터 전국에 있는 문학관을 찾아가 견학하고 있다. 봄바람 타고 문학의 향기 속으로 들어가 문인들의 생애와 문학을 배우고 느낀다. 지난해에는 공주에 있는 나태주 풀꽃문학관을 다녀왔고 이번에는 전남 강진에 있는 시문학파기념관과 영랑생가, 백련사, 다산초당, 다산기념관을 견학하게 되었다.

우리는 4월 8일 산청문화원 앞에서 아침 8시 30분에 출발하여 3시간 정도 달려 전남 강진에 도착하였다. 강진에 도착하니 주차장 근처에 '9월의 봄'이라는 찻집 이름이 눈길을 끌었다. 강진군청 근처에 시문학파기념관과 영랑생가가 있었다. 먼저 민생고를 해결하고 영랑생가로 향하였다. 감성 강진의 하룻길을 걸어서 생가에 들어서니 나의 애송시 「모란이 피기까지는」 시비가 우리를 반겼다. 이 시비 앞에서 시낭송축제를 열면 참 좋겠다는 생각이 들었다. '영랑생가'를 둘러보니 시를 쓰는 영랑의 모습이 모란과 산다화나무 사이로 보이는 듯하였다. 생가 곳곳에 시비가 세워져 오는 이들의 손을 봄 햇살처럼 따스하게 잡아주었다.

'모란이 피기까지는' 시비

영랑생가에 오래 머물고 싶었지만 시문학파기념관으로 발걸음을 옮겼다. 이곳에는 시문학을 중심으로 순수시 운동을 주도했던 9인 (영랑 김윤식, 용아 박용철, 정지용, 위당 정인보, 연포 이하윤, 수주 변영로, 김현구, 신석정, 허보)의 시문학파 시인들의 육필원고와 저서가 보관되어 있었다. 문화 해설사께서 그들의 일대기를 자세하게 설명해 주셨다. 시문학파는 1903년 봄, 순수시 동인지 『시문학』이 세상에 첫선을 보이며 탄생하였고, 영랑 김윤식과 용아 박용철이 주축이 되어, 여러 문인들의 적극적인 동참으로 인해 한국 시문학사의 한 획을 긋게 되었다고 한다.

아쉬움을 뒤로 한 채 천년고찰이라는 백련사와 다산초당, 다산기념관으로 향하였다. 너무나도 가보고 싶었던 다산초당은 다산선생이 1808년부터 1818년까지 10여 년 동안 거처하신 곳이다. 주변에 동암, 서암, 천일각 등 유적이 있으며 본래의 초당은 1936년 허물어지고 현재의 건물은 옛 건물터에 중건했다고 한다. 우리 일행은 가슴을 펴고 백련사와 다산초당으로 가는 오솔길을 걸었다. 산청만큼이나 상큼한 공기로 기분까지 상쾌했다. 이 길은 혜장과 다산이 벗이 되어 서로를 찾아 오가던 길이라고 한다. 혜장이라는 학승이 다산의 학문 경지에 감탄하여 배움을 청했고 다산 역시 혜장법사의 학식에 놀라 두 사람은 수시로 서로를 찾아 학문을 토론하고 시를 지으며 차를 즐기기도 하였다고 한다.

그 길에는 천연기념물 151호인 동백림에 동백꽃이 아름답게 피어 있었다. 야생차는 잎을 피울 준비를 하고 있었고 어린 연둣빛이 반짝거리는 아름다운 숲길을 거닐었다. 그리고 내 발길을 멈추게 하는 것이 있었다. 바로 뿌리의 길이다. 나무뿌리가 알몸으로 길바닥에 누워 오가는 이들에게 길이 되어 주고 있었던 것이다. 무엇 때문에 저리도 밟히고 있는 것일까? 저렇게 밟히고 밟히면서도 오히려 빛이 나는 연유는 무엇일까? 자연의 위대함이 작은 나를 돌아보게 하였다. 이 뿌리의 길을 거닐며 다산초당에 앉아서 다산선생을 흉내 내며 시라도 한 편 습작하고 싶었다. 여유로울 때 다시 오리라 마음을 먹고 오솔길을 뒤로하였다.

다산초당 뿌리의 길을 걸으며

김태근

너는 어이하여 여기에 있는 것이냐
너는 언제부터 여기에 온 것이냐
너는 어찌하여 이러고 있는 것이냐

다산 정약용 선생을 마중 나온 것이더냐
영랑 시인을 마중 나온 것이더냐
속세의 사람들을 마중 나온 것이더냐
경계선 위에 선 지구촌 사람들을 깨우치러 온 것이더냐

그 누구에게라도 밟히고 밟히면서
너는 무엇을 바라는 것이냐
밟힐수록 더 빛나는 이유는 무엇이더냐
도대체 무엇이란 말인가

태연하게 너를 밟고 지나가는 사람과 사람들
단 한 사람에게도 단 한 번도
밟히고 싶지 않으면서 스스럼없이
너를 밟고 지나가는 나는 또 무엇이란 말인가

아~ 뿌리의 길

다산초당을 오가는 모든 이들에게

밟힘을 허락한 연유는 도대체 무엇이란 말인가

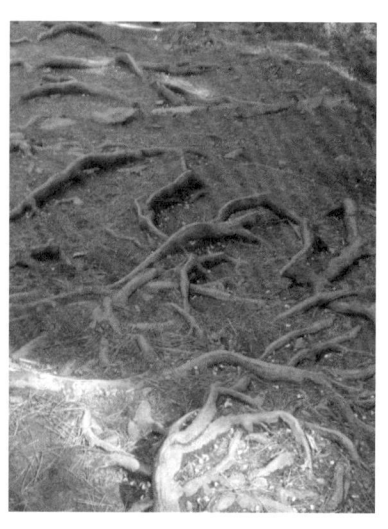

　우리는 차를 한잔 나누고 나서 다산 정약용 선생의 일대기가 숨 쉬는 다산기념관을 관람하였다. "독서야말로 인간이 해야 할 첫째의 깨끗한 일이다"라는 다산기념관에 쓰여 있는 문장이 나를 빤히 쳐다보았다. 글을 잘 쓰기 위한 방법으로 많은 이들이 말하는 구양수가 말한 삼다三多(다독多讀, 다작多作, 다상량多商量) 중 하나인 다독이 얼마나 중요한가를 다시금 느끼게 하는 문장이다. 그 문장 앞에서 나는 한참을 서성거렸다.

다산기념관을 둘러보며 놀라지 않을 수 없었다. 다산선생은 이 전남 강진군에서 18년 동안 유배 생활을 하면서 마지막 10년 동안 제자를 가르치며 503권의 책을 저술했다고 하니 감탄사가 절로 나왔다. 그는 18명의 제자를 양성하였으며, 이 제자들이 스승의 지시에 따라 자료 수집, 정리, 편집 등의 작업에 참여하여 방대한 책을 저술할 수 있었고, 조선 시대 학술사에서 가장 활기찬 학문의 현장이 되었다고 한다. 이 기념관에 전시되어 있는 목민심서 필사본과 다산사경첩, 하피첩과 요조첩, 매화병제도는 이내 마음을 순식간에 사로잡았다. 그들이 모여 앉아 학문을 연구하는 형상을 바라보니 마치 다산선생과 제자들의 글 읽는 소리가 시낭송 소리처럼 청량하게 들려오는 듯하였다.

가우도를 가기로 계획하였으나 당일 코스라 시간이 빠듯하여 가지 못하였다. 우리는 강진의 진한 문학의 향기를 품고 내 고장 산청으로 돌아왔다. 실은 회장으로서 산청에 도착할 때까지 남몰래 안으로 노심초사 애가 탔다. 무탈하게 산청으로 돌아오니 참으로 감사했다. 어둠이 내려앉은 산청의 하늘을 보며 안도의 한숨을 내쉬었다.

산청의 수려한 모습은 이만하면 충분하다고 생각한다. 앞으로는 꾸준히 내면을 가꾸어야 할 것이다. 감성을 자극하는 산청, 정서적으로 행복한 산청으로 재탄생해야 진정한 힐링 1번지가 되지 않겠는가? 산청에도 강진군처럼 문학관이 건립되는 그날까지 문학기행은 계속되리라.

영혼을 깨우는 하동의 문학관을 찾아서

　지리산 자락 산청에는 〈산청문인협회〉가 있다. 산청문인협회에는 지리산 고사목 같은 사람들이 있다. 글을 쓰고 시를 노래하는 참 좋은 사람들이 있다. 이런 골 깊은 문학인들의 모임에 감히 사무국장이라는 이름으로 산청 문인들과 함께 뜻깊은 하루를 보내게 되었다.

　2023년 5월 12일, 산청문인협회 민수호 회장을 비롯하여 22명의 문인들이 문학기행을 다녀왔다. 하동 박경리문학관과 이병주문학관을 탐방하며 인근 지역의 문학관 견학을 통하여 산청 문학의 발전과 방향성을 모색하기 위하여 길을 나섰다. 아, 이게 얼마 만인가? 코로나로 묶여 있던 발걸음이 가벼웠다. 문학을 사랑하는 따뜻한 분들과 손을 맞잡고 일상에서 탈출한다는 것만으로도 설레었다. 몸이 불편한데도 지팡이를 벗하여 단체의 화합을 위해 함께해 주신 조종명 선생님과 양산에서 먼 길을 달려와서 함께 해 주신 시조의 대가 서석조 시인 외 회원들이 어렵게 시간을 내어서 함께 하였다.

　이른 아침에 길을 나서서 우리가 도착한 곳은 하동에 위치한 박경리문학관이었다. 김남호 관장과 하아무 사무국장께서 친절하게 마중을 나오셨다. 서로 악수로 인사를 나누고 문학&생명관에서 '박경리문학관 문학기행 세미나'를 조촐하게 열었다. 박경리 작가의 삶과 작품세계를 영상으로 관람하고 민수호 회장과 김남호 관장의 환영사와 인사말을 듣고 나서, 나는 미리 준비한 박경리 작가의 시 「사람의 됨됨이」를 낭독하고 사회자로서 행사를 진행하였다. 한국문화예술교육원의 부원장인 김민숙 낭송가가 김남호 시인의 「섬진강」을 낭송하고, 필봉문학회 김미조 회원이 길영수 시인의 「하동포구」를, 신남숙, 신말달 두 자매가 박남준 시인의 「3월 눈속에 차를 마시다」를 낭송했다. 그리고 한껏 달아오른 열기 속에서 이인규 소설가가 7080 시절의 노래들을 기타 연주에 맞춰 열창하며 힐링하는 시간을 가졌다. 모두가 즐거워하는 모습을 보니 참으로 감사했다. 민수호 회장과 길영수 상임회장, 윤덕 회장, 최인락 부회장을 중심으로 산청문학의 바람직한 방향에 대해 토론하고 세미나 일정을 마무리하였다.

민수호 회장의 인사 말씀 모습

세미나 진행 모습, 김남호 관장의 인사 말씀 모습

문학기행 세미나 후 단체 기념사진

세미나를 마치고 나서는 모두 박경리기념관을 둘러보았다. 문화해설사의 친절한 설명과 함께 박경리 작가의 동상을 보고『토지』속의 평사리 들판도 바라보았다. 박경리기념관 입구에 들어서면 "그래, 글기둥 하나 붙들고 여기까지 왔네"라는 글이 박경리 작가의 삶을 대변하듯 적혀 있다. 25년 동안 대하소설『토지』를 쓰기 위해 얼마나 많은 인내와 내공이 필요했을까 생각하니 마음이 경건해졌다. 전시되어 있는 박경리 작가의 유품 중 '국어사전'을 보면 얼마나 많이 넘기고 넘겼는지 종이가 닳아 있었다. 나는 몇 해 동안 박경리 작가 추모식에서 추모시를 낭송했던 추억이 떠올라 가슴이 숙연해졌다. 우리나라의 위대한 작가이신 박경리 선생님의 유고 시집인『버리고 갈 것만 남아서 참 홀가분하다』에 실린 「옛날의 그 집」이란 시처럼 박경리 작가를 지탱해 준 것은 글을 쓸 수 있는 책상 하나와, 두툼한 원고지, 여러 가지 펜들이었다. 그리고 그런 당신을 버티게 해준 것은 오로지 적막뿐이었다니 그 쓸쓸함과 고독한 삶을 글로 승화를 시킨 것 같아 안타까움이 밀려왔다. 눈만 뜨면 글을 쓰는 일이 곧 당신의 삶이었으리라. 새삼 문학회 회원들이 '박경리기념관'을 둘러보며 다들 어떤 생각을 하게 되었을지 궁금해졌다. 소설『토지』속 풍경을 재현해 놓은 최참판댁을 요리조리 둘러본 후, 하동의 맛집 지리산대박터고매감이란 식당에서 점심을 먹으며 정겨운 담소를 나누었다.

박경리기념관 박경리 작가 동상 앞에서

박경리기념관 앞에서 단체사진

최참판댁 솟을대문 앞에서

점심 후에는 여유롭게 인근에 있는 동정호를 거닐었다. 동정호 풍경을 바라보며 자유롭게 산책을 하고 담소도 나누며 오전 일정 등에 대한 소회를 나누었다. 동정호 산책을 마치고 전라도와 경상도가 만나는 화계장터를 둘러보며 장날의 분위기에 취해 소소한 물건도 구매하고 주전부리도 사서 나누어 먹고, 마지막 목적지인 이병주문학관으로 향하였다.

이병주문학관에 도착하니 이종수 관장과 진효경 사무국장께서 거대한 펜기둥 앞으로 마중을 나와 계셨다. 서로 반갑게 인사를 나누고 단체 사진을 찍은 후 강당으로 들어가 이병주 작가의 삶과 작품에 대한 영상을 조용하게 시청했다. 나림 이병주 작가는 27년 동안 한 달에 평균 원고지 1천여 매를 써내는 초인적인 집필활동으로 『지리산』, 『관부연락선』 외 80권의 방대한 작품을 남겼다. 영상이 끝나자 이종수 관장께서 인사 말씀과 함께 자작시 「남바구 들」을 낭독해 주셔서 진한 감동을 받았다. 몇 해 전에 이병주 작가의 소설 『지리산』으로 입체낭독대회를 했던 강당에서 자유로운 문학 토론의 시간을 가졌다. 민수호 회장의 인사 말씀 후 시낭독을 권유하여 양곡 시인께서도 자작시를 낭독하였고, 자연스러운 분위기에서 문학 이야기를 이끌어 갔다.

이병주문학관 앞에서

　시간 가는 줄 모르고 일정을 소화하다 보니 어느새 노을이 찾아들었고, 시간이 부족해 붉은 양귀비를 관찰하는 일은 다음으로 미루기로 했다. 양귀비 축제가 끝나기 전에 다시 오리라 마음을 먹으며 진주로 이동하였다. 진주의 맛집인 가득정 식당에서 저녁을 먹고 공식적인 문학기행 일정을 마무리했다. 가까운 하동에는 문학관이 두 곳이나 있다는 것만으로도 문화예술의 감성이 출렁이는 느낌이 들었다. 문학관 하나 없는 산청에 살면서 옆 동네 하동이 무척이나 부러웠다. 21세기에는 우리나라도 문화로 세계를 지배하게 될 것이다. 이미 K-팝과 K-드라마, K-영화, K-푸드가 전 세계의 이목을 집중시키고 한국이 문화의 중심이 되고 있다. 따라서 지역도 문화가 중심이 되지 않으면 경쟁력 있는 도시로 성장하지 못할 것이다. 내 고장 산청에 문학관이 있어야 하는 이유도 마찬가지다.

"그래, 글기둥 하나 붙들고 여기까지 왔네"라는 박경리 작가 말씀이 나를 어루만져 주는 밤이다. 수많은 흔들림 속에서도 26년 동안 글기둥을 붙들고 살아왔듯이 앞으로도 글을 쓰고 낭송하며 좀 더 아름답게, 바다로 흐르는 강물처럼 좀 더 넓은 마음으로 살아가야겠다. 양귀비꽃은 저를 흔드는 비바람이 있어도 남바구 들녘을 아름답게 수 놓듯이 그럼에도 불구하고 문학의 길을 묵묵히 걸어가리라 속으로 다짐해 본다. 늦은 밤, 감사함과 피로함을 동시에 등에 업은 채 박경리 작가의 『토지』를 다시 꺼내 읽어 본다. 소중한 오늘을 야무지게 기록하고 싶은데 마음만 앞선다. 혼자 하면 기억이 되고 둘이 하면 추억이 되듯 모두가 함께하니 사랑이 되는 문학기행이었다. 이 만큼의 현실에 감사하며 새벽에 다시 펜을 잡는다.

문학기행 세미나 사회를 보고 있는 필자(사무국장)

동리목월문학관, 불국사를 거닐며

산청문인협회 봄 문학기행을 2024년 5월 6일 오전 8시 30분, 산청에서 출발하여 역사를 품은 도시 경주로 향하였다. 당일 아침, 학창시절 소풍 갈 때처럼 마음이 설레었다. 어제까지 쏟아지던 비도 멈추어 햇살과 동행하게 해주었다. 설렘이 깃들어 있는 봄날, 산청문인협회 회원과 가족, 시낭송가들과 함께 21명의 인원이 같은 버스를 타고 같은 마음의 온도로 같은 곳을 향해 출발하였다. 버스 안에서 서로 자기소개를 하였다. 문학이라는 공통분모로 소중한 인연들이 만나서 아름다운 봄날을 함께 누릴 수 있음에 감사했다. 정현종 시인의 시처럼 한 사람의 일생이 여기에 와 있으니 얼마나 소중한 시간인가?

동리목월문학관 입구

　3시간 정도를 달려서 경주 동리목월문학관에 도착하였다. 담당 공무원은 휴일인데도 출근하여 우리를 친절하게 반겨주었다. 강당을 미리 대여하였기에 강당에서 문학 세미나도 진행할 수 있었다. 담당자의 안내에 따라 문학관의 여러 가지 시설들을 관람하고 설명을 해주셔서 참으로 감사했다. 우리 일행은 먼저 김동리 소설가와 박목월 시인의 삶과 작품세계에 대한 영상을 시청한 후에 문학관 관람을 시작했다.

동리목월문학관 앞에서 단체 사진

김동리 소설가(본명 창귀)의 흉상이 보이는 동리전시관으로 들어섰다. 김동리 선생님의 생전 습작 노트와 발간 서적 외 소장품 328점이 전시되어 눈길을 사로잡았다. 김동리 소설가는 1936년 동아일보 신춘문예에 단편소설 「산화」가 당선되어 창작활동에 몰두하기 시작하였으며 1949년에는 서울대, 고려대 국문과 강사로 출강하기도 하였다. 노벨문학상 후보에 오른 적이 있는 김동리 소설가의 소설인 『무녀도』, 『황토기』, 『까치 소리』, 『석노인』, 『등신불』 외 생전의 작품들을 미디어를 통해 감상할 수 있었다. 빠듯한 일정이 아쉽기만 했다.

 바로 맞은편에는 박목월 시인(본명 영종)의 낯익은 흉상이 보였다. 목월전시관 안으로 들어서니 시 이미지를 전시한 공간 앞에서 발길이 저절로 멈추어졌다. 박목월 선생의 생전 습작 노트와 발간 서적, 소장품 등, 총 970점의 유품이 전시되어 있다니 어찌 다 살펴볼 수 있을까? 하는 행복한 고민을 했다. 특히, 문학관에서 흘러나오는 남자의 시낭송이 나의 온 세포를 깨웠다. 박목월 시인의 육성으로 시낭송이 흘러나오니 감격스러웠다. 내가 애송했던 시 「가정」, 「나그네」, 어느 산사음악회에서 고명숙 가수와 시낭송 콜라보를 했었던 추억이 스쳐 지나갔다. 박목월 시인은 아동문학가로도 유명하다. 1933년 박목월 시인은 『신가정』이라는 잡지에 동시 「제비 맞이」가 당선이 되어 동요 시인으로 등단하였다. 모두가 알고 있는 국민동요인 〈얼룩 송아지〉도 목월 선생의 동시다. 우리는 이 동요를 불러보며 동심에 젖어보기도 하였다. 동시 검색 코너에는 목월 선생의 대표 시를 청취하게 해두었는데 이 공간을 좀 더 넓게 해두었으면 좋겠다는 생각이 들었다. 조지훈 시인, 박두진 시인과 함께 발간한 『청록집』도 전시되어 있었다. 내가 필사하며 읽은 책이라 고향 사람을 만난 듯 반가웠다. 이 문학관에서 한 며칠 유하고 싶은 욕구가 차올랐다. 밖으로 나오니 야외마당에는 시화가 전시되어 봄꽃이 만개한 듯 환했다. 신라를 빛낸 인물관에는 신라천 년 위인들의 위업이 전시되어 있었다.

문학세미나 민수호 회장 인사말(필자 진행)

우리는 두 기념관을 관람한 후에 강당에 모여서 문학 세미나를 개최하였다. 먼저 민수호 회장의 주옥같은 인사 말씀이 있었다. 나의 개회사 후 이정옥 감사의 시낭송이 이어졌다. 박목월 시인의 시를 오프닝으로 낭송한 후 큰 박수를 받았다. 이어서 산청문인협회 역대 회장들의 시를 낭송하는 시간을 가졌다. 원로시인 조종명 시인의 시「천년의 자유」를 송영심 낭송가가 낭송하여 감동을 주었고, 이어서 길영수 시인의 시「엄마의 회초리」를 유영숙 낭송가가 낭송하여 길 시인을 눈물짓게 하였다. 동행하신 사모님께서도 눈물을 훔쳤다. 이어서 오순희 산청도서관 관장께서 민수호 회장의 시「사랑이더라」를 낭송하여 따뜻한 분위기를 만들었고 시낭송의 힘을 느꼈다. 이어서 남유정 시인이 양곡 시인의 시「모란꽃 인연」을 낭송하여 인연에 대해 생각하는 시간을 가졌다. 마지막으로 정동교 시인의 시「삶」을 송영심 낭송가가 낭송하여 감성을 자극하였다. 이어서 이인규 소설가의 기타 연주와 시 노래로 분위기가 무르익었다. 모두 함께 노래를 따라 부르고 박수를 치며 화합하는 시간이 되었다. 길영수 시인과 이학근 시인께서 박목월 시인의 시를 낭송하였고 나도 즉석 요청으로 시낭송을 하였다.

우리 일행은 다 함께 "산청문인협회 파이팅! 산청문인협회 만세!"를 한목소리로 외쳤다. 가슴 속으로 새로운 희망이 생기는 듯하였다. 가치 있는 일을 좇아가며 순수한 문인으로 삶을 지탱하기가 어려운 현실이라 그런지 산청문인들을 바라보니 왠지 마음이 짠하였다. 그렇지만 나도 꿈을 꾼다. 산청에도 문학관이 건립되어 문학관에서 이런 행사들을 하며 군민의 영혼을 살찌우는 시간을 가지고 싶었다. '산청문학관이 건립되는 그날까지'라며 우리는 파이팅을 또다시 외쳐보았다. 사람은 돈으로 살아가는 것 같지만 감동으로 살아간다. 우리는 감동의 물결 속에서 문학 세미나를 마무리하고 불국사로 향하였다.

산청문인협회 파이팅을 외치는 회원들

불국사에는 많은 인파가 몰려와 나들이를 즐기고 있었다. 우리도 그 대열로 유유히 들어갔다. 얼마 만에 찾아온 불국사인지 기억조차 까마득하였다. 불국사 안으로 들어서니 봄꽃보다 더 장관을 이루는 연초록의 행진에 황홀한 마음을 감출 수가 없었다. 어린아이처럼 뛰어다녔다. 지인의 배려로 아이스크림도 먹으며 불국사를 자유롭게 활보하였다. 이곳 불국사는 1995년도에 남편과 내가 신혼여행을 왔던 곳이라 더 정겨웠다. 곳곳에 추억이 담겨있었다. 내 나이 환갑이 되면 바쁜 걸음을 내려놓고 남편과 불국사에 와서 천천히 걸어보리라 다짐했었다. 연두에서 초록까지 마음을 내려놓고 거닐어 보고 싶은 곳이다. 29년 전에 손을 잡고 거닐었던 그때처럼 말이다.

우리는 불국사의 깊고 아름다운 풍경 속에서 마음껏 힐링을 하였다. 불국사를 둘러본 후 버스를 타고 산청으로 돌아왔다. 돌아오는 버스 안에서 민수호 회장의 감사 인사 말씀과 84세이신 조종명 선생님의 덕담, 길영수 회장님의 정성이 가득한 말씀을 들으며 시간 가는 줄도 몰랐다. 자흥 스님의 덕담과 모든 회원들의 소감과 평가회를 듣고 나누다 보니 금세 산청에 도착하였다.

경주 불국사 탐방 중 단체 사진

경주 불국사 석가탑

이번 산청문인협회 봄 문학기행은 개인 일정으로 참석하지 못한 분들이 많아서 아쉬웠지만 역대 회장 사모님들께서 참석해 주셨고, 시낭송 아카데미 수강생들과 오순희 산청도서관 관장께서 함께해 주셔서 더욱더 풍요로웠다.

나는 좋은 일이라는 확신이 서면 밤을 밝혀서라도 열과 성을 다한다. 이 일 또한 마찬가지다. 산청문인협회 회원들의 뜻에 따라 산청문인협회 봄 문학기행을 기획하고 뒷마무리까지 정성을 다하였다. 이렇게 온 정성을 쏟을 곳이 있다는 사실에 그저 감사했고 마음도 충만하였다. 필봉문학회 회장을 역임하면서도 해마다 문학기행을 갔었던 추억이 떠올랐다. 꼭 한 번 가고 싶었던 문학관에 가서 좋은 분들과 함께 좋은 일을 했다는 뿌듯함이 몰려와 영혼이 살찌는 듯하였다.

하루를 마무리하며 육신을 침대에 의지하니 「나그네」라는 시가 천정으로 지나갔다. 그리고 "문학을 하는 것에 대한 사고, 우리에게 부여된 공통된 운명을 발견하고 이것의 타개에 노력하는 것이 곧 구경적究竟的 삶이라 부르며 또 문학 하는 것이라 이르는 것이다"라는 김동리 작가님의 말씀이 떠올랐다.

백일장과 함께하는 청사포, 추리문학관

'문학기행'이라는 단어는 언제나 작은 나를 큰 설렘으로 쿵쿵거리게 한다. 산청문인협회 주관으로 부산으로 문학기행을 가는 날이기 때문이다. 이른 아침에 회원 모두의 간식을 챙겨서 열 일을 뒤로하고 문학기행 버스에 몸을 실었다. 버스 안에서 사무국장의 진행으로 모두 자기소개를 하며 라포 형성을 하였다. 모두의 표정에서 연둣빛 향기가 풍겨 나오는 듯했다.

부산 청사포 근처에 도착히여 점심을 믹있다. 좋은 분들과 먹는 점심은 보약이나 다름없었다. 식사 후 걸어서 청사포로 향했다. 철길을 건너가니 바다가 한눈에 들어왔다. 파도 소리 따라 들숨과 날숨으로 긴 호흡을 했다. 바쁜 일상으로 과부하가 왔었는데 힘든 육신은 가벼워지고 내 안의 부정적인 에너지가 다 빠져나가는 듯 가슴이 후련하였다. 마음도 정화가 되는 듯하였다. 바다가 또 다른 모습으로 내게로 왔다. 우리는 청사포 바다를 배경으로 단체 사진을 찍었다. 여러 장의 사진을 담으며 하하호호 웃음소리가 청사포 파도 소리와 함께 요란하였다.

　곧바로 윤덕 회장의 주청으로 '즉석 청사포 백일장'이 개최되었다. 시제는 '청사포'였다. 모두가 백일장 노트와 볼펜을 받아 들고는 자갈을 방석으로 삼아 청사포 해변에 앉아서 시를 쓰기 시작하였다. 어떤 사람은 생각하는 로댕처럼 어떤 사람은 무엇인가 사유하는 진지한 작가의 모습으로 바다를 바라보고, 볼펜을 꼭 잡은 모습이 가을 단풍처럼 아름다웠다. 즉석 청사포 백일장을 마치고 추리문학관으로 향하였다.

청사포 즉석 백일장 풍경

추리문학관은 1992년 『여명의 눈동자』로 유명한 김성종 소설가가 35억 원의 사재를 털어 설립하였다. 국내 유일한 추리 문학 전문도서 전시관이며, 부산지역의 도서문화 발전에 이바지하고 있다. 이 문학관에는 추리소설 13,000여 권과 일반문학 도서 13,000여 권, 아동도서 및 참고도서 3,000여 권을 소장하고 있다. 추리문학관은 국내는 물론 국외에서도 찾아볼 수 없는 유일무이한 전문도서관으로 그 희소성은 돈으로 따질 수 없는 문화적 가치가 있다고 한다. 이런 문학관이 부산에 있다는 것이 얼마나 큰 자산인가 하는 생각이 들었다.

추리문학관 『여명의 눈동자』 외 추리소설 진열 모습

우리는 추리문학관 입구에서 기념사진을 찍고 1층 북카페에서 차를 마시며 담소를 나누었다. 2층 문학관으로 올라가니 김성종 소설가와 담당 선생님이 마중 나와 우리를 반겨 주었다. 문학관을 둘러보고 문학기행 세미나를 시작하였다. 윤 덕 회장의 인사 말씀 후

김성종 소설가가 환영의 말씀과 함께 미니특강을 해 주셨다. 이 추리문학관을 설립한 과정과 한국의 여러 문학관의 역할과 지속성에 관하여 특강을 해 주었다. 나 역시 문학인으로서 스스로 성찰하는 계기가 되었고 참으로 유익한 시간이었다.

세미나에 이어서 우정숙 낭송가, 남유정 낭송가의 소설 낭독은 새로운 감동을 주었다. 김성종 소설가의 「붉은 안개」라는 단편소설을 낭독하였는데 전국시낭송대회 대상 수상자인 두 낭송가가 낭독을 하니 다소 지루할 수도 있는 소설이 더욱더 입체적으로 다가와 한 편의 드라마를 보는 듯 몰입이 되었다. 이어서 산청문인협회 회장을 역임하신 길영수 시인의 「엄마의 회초리」라는 시를 이진숙 낭송가가 낭송하여 감동을 주었다. 이 시를 감상하며 부모님의 은혜에 다 함께 감사하는 시간을 가졌다. 활자에 낭송가의 목소리가 더해지니 시가 생명력을 가지며 가슴 속 깊이 파고들어 감성을 깨웠다. 시낭송의 힘을 다시금 느끼는 시간이었다.

김성종 소설가 미니특강

이어서 '즉석 청사포 백일장' 시상식이 거행되었다. 모두들 긴장한 모습이 사뭇 대단한 시상식을 하는 듯하였다. 영예의 대상은 이종영 시인이 차지하였고, 차상은 양곡 시인이, 차하는 이인규 소설가가 수상했다. 나는 즉석 백일장 수상작을 온 마음을 담아서 즉석으로 낭독하였다. 그 짧은 시간에 어쩌면 시를 이렇게 잘 썼을까? 역시 산청문인협회의 위상이 대단하다는 것을 느낄 수 있었다. 상을 떠나서 각자 자신이 쓴 시를 낭독하였고, 수상자들의 수상 소감을 듣고 세미나를 마무리하였다.

 부산에서의 아쉬운 마음을 뒤로하고 우리 일행은 진주로 향했다. 진주에서 저녁을 먹고 문학기행 소감을 나누었다. 1년에 한 번씩 다녀오는 문학기행에 늘 아쉽지만 청사포의 바닷바람과 김성종 소설기가 설립한 추리문학관의 여운을 생각하며 기회가 되면 다시 한 번 여유롭게 가보고 싶었다. 나도 김성종 소설가처럼 '시낭송 문학관'을 설립할 수 있을까? 다시 나의 꿈이 꿈틀거렸다. 오늘은 난생 처음으로 복권을 사야겠다. 만약 내가 문학관을 건립하게 된다면 그건 바로 로또복권 1등에 당첨된 것이라고 봐도 될 것이다.

즉석 청사포 백일장 장원을 수상한 이종영 시인의 시를 되새김해 보았다.

> 태고의 순결로 기다린 밤,
> 새까만 몽돌로 속이 타 버렸다
> 자글자글 도글도글 알몸 굴리며
> 현해탄을 건너간 님을 기다린다
> 아침 해 뜨면 오려나
> 물안개 가시면 오려나
> 수평선 저 멀리 그리움이 남실거린다

혼을 부르는 혼불문학관을 가다

2011년 2월 26일 토요일, 필봉문학회에서 문학기행을 떠나게 되었다. 장마 같은 비가 온다는 전날의 일기예보와 달리 날씨는 너무나 착했다. 햇살은 따사로이 내려 주었고 바람도 순진하게 불어 왔고 온도도 적당하여 마치 나들이하기 위해 맞춘 날씨 같았다. 회원들 모두가 밤잠을 내려놓고 기도를 하셨나? 하는 생각이 들었다. 무엇보다도 연세가 많은 어르신 두 분께서 우산을 쓰지 않고 다닐 수 있어서 참으로 다행이었다. 2월에 새로 가입한 신입회원도 동행하였기에 또 다른 새로운 분위기가 느껴졌다.

회원 중 한 분이 직접 운전을 해 주셨기에 편안한 마음으로 여행길에 올랐다. 회원들은 차 안에서 회장님께서 배려해 주신 간식을 먹으며 일상에서 벗어나 이야기꽃을 피웠다. 우리 일행이 어느새 전북 남원시에 사매면으로 접어드니 정겨운 벽화들이 눈에 들어왔다. 구 서도역을 지나서 최명희 작가의 일대기를 볼 수 있는 혼불문학관에 도착하였다. 작가의 삶을 기념하는 최명희문학관은 전주에 있지만, 이곳이 작품의 배경이 되었기에 혼불문학관이 세워졌다고 하였다. 청호저수지를 바라보면서 문학관 안으로 한 걸음 한 걸음 다가 갔다. 입구에 걸려 있는 작가의 사진이 우리들에게 "필봉문학회원님들! 어서 오세요"라며 미소를 띠며 반기는 것만 같았다.

그곳에는 최명희 작가의 생전의 집필실이 재현되어 있었는데 검소한 소파와 책상이 내가 사용하고 있는 것과 닮아 있어서 내심 놀라웠다. 벽면에는 작가의 삶이 하나하나 친절하게 기록되어 있었다. 그 글을 읽어 나가자니 가히 내 무지함에 화가 났다. 이런 작가의 책도 읽어보지 못하였으면서 어찌 문학을 한다고 할 수가 있을까? 라는 반성을 하였다.

최명희 작가는 1947년 전주에서 태어나 1972년에 전북대 국문과를 졸업하고 1980년에 「쓰러지는 빛」으로 중앙일보 신춘문예에 당선되었고, 1981년에는 동아일보 장편소설 공모에 『혼불』이 당선되었으며, 1984년 서울신문에 「이웃집 여자」를 발표하였다. 1996년에는 『혼불』을 대하소설로 묶어 전 5부 10권으로 출간하였다. 그리고 1998년 12월, 향년 52세의 나이로 '아름다운 세상, 잘 살고 간다'는 짧은 유언을 남기고 난소암으로 세상을 떠나게 되었다.

암에 걸린 고통스런 몸으로 대하소설 『혼불』을 계속 썼다는 글귀 앞에서는 이내 시선이 오랫동안 머물렀고 숙연한 마음이 들었다. 그 옆에는 이런 글이 적혀 있었다.

쓰지 않고 사는 사람들은 얼마나 좋을까 때때로 나는 엎드려 울었다. 그리고 갚을 길이 없는 큰 빚을 지고 도망 다니는 사람처럼 항상 불안하고 외로웠다. 좀처럼 일을 시작하지 못하고 모아놓은 자료들만 어지럽게 쌓아 둔 채 핑계만 있으면 써 보려고 일부러 한눈을 팔던 처음과는 달리 거의 안타까운 심정으로 쓰기 시작한 이야기 『혼불』은 드디어 나도 어쩌지 못할 불길로 나를 사로잡고 말았다.

이 글은 갈증이 날 때 한 모금의 물이 몸속을 온전히 적셔 주듯이 이내 세포 속으로 빠르게 스며들었다. 간간이 직장을 탓하며 나태해진 자신에게 가볍지만 따끔하게 채찍을 가하는 듯하였다.

죽음 앞에서도 『혼불』을 완성하기 위하여 자신의 온몸을 던져 남은 열정을 모두 다 불사르고 가셨구나! '모국어의 보고', '우리 풍속의 보고'라는 찬사가 왜 나왔는지 조금은 알 것 같았다. 어느새 점심시간이 훌쩍 지나버렸는데도 회원들은 밥 생각도 잊은 채 혼불문학관의 매력에 흠뻑 취해 있었다. 다음에 한 번 더 다녀와야겠다고 생각을 모으며 식당으로 향했다. 아쉽지만 점심 후 광한루 전경을 구경하고 산청으로 돌아왔다.

여행은 동행하는 사람에 따라서 그 느낌이 사뭇 다르다고 하였다. 문우님들과 함께 이런 문학관을 체험할 수 있음에 감사하고 아름다운 향기를 가득 안고 돌아온 기분이다. 혼불문학관의 여운이 식어버릴까 봐 밤이 새도록 최명희 작가에게 말을 걸어 본다. 그럼에도 나의 염원이 지칠 줄 모르는 새벽이다.

영혼이 숨 쉬는 통영 문학나들이

　문학콘서트의 여운이 채 식기도 전에 필봉문학회에서 문학기행을 가게 되었다. 통영에 있는 청마문학관과 박경리기념관으로 목적지를 정하였다. 너나 할 것 없이 바쁜 일상이지만 이날만큼은 모든 것을 내려놓고 오롯이 문학의 향기에만 젖어보리라 맘을 먹었다. 나는 오전에 가족봉사활동을 다녀와 정신이 없었다. 문학기행은 1시 반 출발이라 겨우 시간을 맞추었다. 그러다 보니 딸아이도 동행하게 되었다. 출발은 조금 늦어졌지만 성실한 고무님과 막내인 별꽃님의 입담으로 통영이 가깝게만 느껴졌다.

　먼저 유치환 시인의 청마문학관으로 향했다. 유치환 시인은 1908년에 거제시에서 태어나 초등학교 입학 전에 통영시로 이사를 하였고, 1931년에 문예월간에 「정적」을 발표하면서 데뷔를 하였다고 한다. 이곳에서 청마의 생애와 발자취를 한눈에 볼 수가 있었고 각종 유품과 350여 점의 문헌자료도 전시되어 있었다. 계단을 올라가니 유치환 시인의 생가가 있었다. 담쟁이가 담을 감싸고 있는 생가는 아주 오래된 흔적이 그대로 살아 있었다. 청마의 아버지가 한약방을 하신 흔적도 보였다. "청마는 시를 쓸 때 약을 달이듯이 쓴다"고 노래한 강희근 시인의 시 「청마와 춘수」 구절이 떠올랐다. 유치환의 「행복」을 낭송해 보기도 하며 다음 목적지인 박경리기념관으로 발길을 옮겼다.

박경리기념관에 도착하니 현대식 건물로 되어 있었다. 박경리 작가의 본명은 박금이이며 1926년 통영에서 출생하였다. 워낙 대문호인지라 대하소설 『토지』 하면 누구나 떠오르는 작가일 것이다. 박경리 작가는 수많은 작품을 통해 인간의 내면세계를 깊이 있게 그려 냈다. 작가는 "인생에 대한 물음은 끝이 없으며 '왜'라는 물음으로 글쓰기는 시작되었고 6.25사변 때 남편과 아들을 잃지 않았더라면 나는 결코 소설가가 되지 않았을 것이다. 평범한 여인으로 생을 마쳤을 것이다"라고 말씀하셨다. 2008년 「옛날의 그 집」 외 3편의 시를 발표하고 그해 5월 5일에 노환으로 별세하였다. "문학은 내 인생이며 내가 벗어놓은 옷 같은 것이다"라고 말씀하시며 영상 속에서 행복한 표정을 짓는 작가의 모습이 인상적이었다. 작년에 읽은 박경리의 유고 시집 『버리고 갈 것만 남아서 홀가분하다』에 나온 "희망을 잃지 않았던 것은 어쩌면 남몰래 시를 썼기 때문이다"라는 말이 꼭 내 마음과 같다는 생각을 했었다. 나의 애송시 「옛날의 그 집」을 낭송해 보았다. 박경리기념관에 더 머물고 싶었지만 다음을 기약하고 달아공원으로 발길을 옮겼다.

6시가 가까워지자 달아공원에 도착하였다. 벌써 많은 인파가 몰려 있었다. 지는 노을이 먼지의 입자라는 새로운 지식을 그날에야 알았다. 달아공원에서의 일몰은 말로는 다 할 수 없는 아름다움이었다. 봄싹님께서 노을 지는 시간을 정확하게 맞추어 도착하였기에 노을을 제대로 만끽하였다. 답사라도 다녀오신 모양이라며 연심님께서 감사해 하였다. 수많은 사람들이 일몰의 광경을 붙잡고 싶었는지 카메라 셔터를 쉴 새 없이 눌렀다. 우리 회원들도 하얀 박꽃처럼 웃으며 사진을 찍었다. 이곳 통영에서만큼은 나도 시인이 되는 것만 같았다. 부끄럽지만 설익은 시 한 편도 만들어 보았다.

일몰

김태근

떠오르는 모습은 얼마나 고왔을까.
어쩌면 떠나는 뒷모습마저도 저토록 황홀하고
아름다울 수가 있단 말인가

돌아서 갈 때는 슬퍼할 틈새를 좁혀
미련 없이 떠나가야 한다고
내게 한 수 알려주는구나

내일 또

저 넓은 바다를 거슬러 올라야 한다고

눈물 훔친 흔적 하나 없이 외치는구나

　달아공원에서 일몰의 풍경을 가득 안은 채 저녁을 먹으러 갔다. 문학콘서트 결산보고를 한 후 연로회원의 배려로 자연산 회를 먹었다. 어르신들만 안 계시면 알코올 한 모금 머금고 통영의 풍경에 취해 버리고 싶었다. 저녁을 먹은 후에 통영시장 속으로 들어갔다. 쥐포를 사러 건어물 가게에 들렀더니, 주인아줌마는 묻지도 않는데 "이렇게 장사혀서 자식 대학까정 시켰다"고 말씀하셨다. 그들의 땀과 인고의 세월이 곳곳에서 묻어나는 듯하였다. 우리는 통영에서 문학 부자가 되어서 청정골 산청으로 돌아왔다. 오늘은 내게 주어진 365일 중 그 어느 날보다 과분한 하루였다. 시간이 흐를수록 필봉문학회의 속삭임은 짙어질 것이리라.

첫 문학콘서트의 여운

-도종환 시인의 행복한 문학특강

산청군과 산청문화원에서 후원하고 우리 문학회에서 주최하는 '문학콘서트'를 열기로 하였다. '북콘서트'나 '청춘콘서트'처럼 조금 더 친근함이 있는 제목으로 정해 보았다. 문학을 어렵다고 생각하는 이들의 선입관을 버리게 하고 정서함양과 함께 문학에 대한 관심을 유발시키고 싶은 회원들의 뜻이 있었다.

문학콘서트 제1부에서는 회원들의 시화전시회 및 시낭송과 음악을, 제2부에서는 도종환 시인의 문학특강을 하기로 하였다. 산청에 오셔서 문학의 꽃을 피워달라고 거듭 부탁을 하여 특강이 성사되었다.

이제는 열심히 준비할 일만 남았다. 신종철 감사께서는 연습하지 않으면 실수를 한다며 연습공간을 마련해주었다. 회원들이 낭송할 시의 음악도 선곡하여 컴퓨터로 배경화면을 만들어 주시니 더욱더 열심히 연습하였다. 회원들도 바쁜 일상에도 틈틈이 최선을 다해서 연습을 반복하였다. 나는 첫 문학콘서트 시나리오를 열두 번도 더 고쳐가며 남몰래 사회를 보는 연습을 하고 또 하였다.

드디어 2011년 9월 29일 늦은 7시, 많은 비가 올 것이라는 예보와는 달리 잔잔한 가을바람을 싣고 산청 청소년수련원에서 '제1회 문학콘서트'의 막이 올랐다. 예상보다 많은 사람들이 귀한 시간을 내어 자리해 주었기에 늦게 오신 분들은 서서 관람해야만 하는 불편을 겪었다. 먼저 가을 정취가 물씬 묻어나는 회장 인사말과 고문의 경과보고가 있었다. 첫 순서는 김규정 초대회장께서 자작시 「하모니카」를 낭송하였다. 하모니카 연주도 직접 들려주셨다. 시낭송이 끝나고 초대회장의 연세가 올해 77세라고 안내를 했더니 한 번 더 뜨거운 박수가 쏟아져 나왔다. 그 분위기를 타고 회원들의 시낭송과 음악이 이어졌다.

제2부 순서로 모두가 기다리는 도종환 시인의 문학특강 시간이 되었다. 끝없는 박수를 받으며 도종환 시인이 무대 위로 올라오셨다. 특강 중에 이생진 시인의 「벌레 먹은 나뭇잎」이란 시를 인용하셨는데 아주 인상적이었다. '상처가 나서 예쁘다는 것이 잘못인 줄 안다. 그러나 남을 먹여가며 살았다는 것은 별처럼 아름답다'란 표현을 직접 읽어주시면서 내 주변에도 이런 희생적인 삶을 사는 사람이 많다고 하였다. 바로 우리의 부모님들이 그러하다고 하였다. 벌레 먹은 나뭇잎을 이러한 시각으로 볼 수 있는 사람이 시인이며, 남과 다른 시각으로 사물을 볼 줄 아는 사람이 시인이라고 하였다. 살아가다 보면 시 한 구절로 사람의 마음을 움직일 수 있고 죽어가는 사람을 살릴 수도 있다고 하였다. 그것이 바로 시가 가진 힘이라고 하였다.

도종환 시인께서는 예전에는 윤동주의 「서시」가 많이 읽혔는데 지금은 본인이 쓴 시 「담쟁이」가 직장인들에게 가장 많이 읽힌다고 하셨다. 아마도 IMF 이후에 삶이 어려워지니까 이러한 현상이 일어난 것 같다고 웃으며 「담쟁이」라는 시를 읽어주었다. 시인께서는 '청춘이란 인생의 어느 한 기간을 말하는 것이 아니라 마음의 상태를 말한다'라는 사무엘 울만의 「청춘」이란 시로 강의를 마무리하셨다.

아마 이 자리에 다녀간 사람들은 모두가 시인이 되었을 것이다. 그들의 마음이 문학의 향기로 가득 채워졌으면 좋겠다. 이천십일년 가을에 생긴 동서남북으로 떨려오는 또 하나의 가슴을 가눌 길이 없다.

행사 준비로 온 육신이 지쳐있는데도 처음으로 개최한 문학콘서트의 여운으로 쉽게 잠을 청할 수가 없었다.

내년 문학콘서트는 또 어떻게 준비할까?

제3부

영화 속의 희망

최고의 가족영화 '7번 방의 선물'

　감기가 심해서 주말 내내 누워있었더니 딸아이가 오빠랑 모은 용돈을 주면서 영화도 보고 외식도 하고 오라고 했다. 〈7번 방의 선물〉이라는 영화까지 예약해 주면서 말이다. 영화보다는 운동을 좋아하는 남편까지 외출준비를 서둘렀다. 나는 못 이기는 척 따라나섰다. 집 밖으로 나오니 유난히도 추웠던 겨울이었지만 바람이 봄 향기를 상큼하게 뿌려주었다. 햇살도 포근하였다. 가로수도 곧 심상치 않은 일을 저지를 기세로 초록을 듬뿍 머금고 있었다.

　모처럼 팝콘과 음료수를 사 들고 젊은 연인들 틈새에 끼여 영화관으로 들어갔다. 영화는 딸 예승이가 변호사가 되어서 국민 참여 모의재판을 실행하는 장면으로 시작되었다. 6세 지능의 지적장애를 지닌 아버지 용구(류승룡)와 어린 딸 예승(갈소원)의 진한 사랑은 쉽사리 내 가슴속으로 파고들었다. 아버지 용구는 마트 내 주차요원으로 일하면서 딸아이가 갖고 싶어 하는 세일러문 가방을 마련하려고 열심히 일하며 돈을 모으는 딸바보였다. 그러던 어느 날 아동 유괴 성폭행 살인자로 누명을 쓰게 되어 교도소로 끌려갔다. 그는 5482라는 번호를 단 죄수복을 입고 7번방에서 생활하게 되었다. 7번방에는 흉악범들이 있었지만 상부상조하는 사이가 되었다. 죄는 지었지만 마음은 누구보다도 따뜻한 사람들이었다. 딸 예승이를 7번방으로 데리고 오면서 이야기는 한층 더 흥미로워졌다.

재심에서 많은 사람들이 용구의 무죄를 위해 애썼지만 용구는 자신이 죽였다고 거짓 자백을 하였다. 용구가 죽인 것이 아니라 넘어져 죽은 딸의 아버지인 경찰청장은 "제값을 치르지 않으면 네 딸도 똑같이 죽여 버리겠다"고 하였고, 자신의 변호사마저도 "당신이 죽어야 당신 딸이 산다"고 말하였다. 딸을 너무나도 사랑하는 용구의 마음을 악용하여 용구에게 누명을 씌우고 결국 사형선고까지 받게 했다. 딸을 위해 목숨까지 내놓는 아빠의 모습을 보면서 같은 부모로서 가슴이 미어졌다.

예승이의 생일이며 용구의 사형일인 12월 23일 아침에 7번방에서는 예승이의 생일파티가 열렸다. 아무것도 모르는 예승이는 아빠가 선물한 세일러문 가방을 메고 기뻐하였다. 그러면서 아빠에게 "아빠 딸로 태어나서 감사합니다"라며 큰절을 올렸다. "백 점 많이 받아서 또 올게요" 하면서 아빠와 헤어졌다. 언제나 헤어질 때는 하나, 둘, 셋을 세면 아빠가 뒤돌아보고 특이한 몸동작으로 춤을 추었는데 그날은 셋을 세어도 아빠가 돌아보지 않았다. 울면서 아빠를 찾는 예승이의 모습과 교도소가 울릴 정도로 "잘못했어요. 살려주세요"라며 어눌한 말투로 절규하는 아빠 용구의 모습이 남편의 눈물샘을 자극하였다. 나는 영화 〈하모니〉에서 사형장으로 걸어가던 나문희의 뒷모습과 용구의 모습이 오버랩되어 엉엉 울어버렸다.

이 영화를 들여다보면 탄탄한 스토리 위에 조연들은 물론이고 어린 딸의 연기와 아빠인 용구의 연기가 완벽한 조화를 이룬 것 같다. 용구는 은근한 카리스마로 빛났던 〈광해: 왕이 된 남자〉와는 전혀 다른 연기로 우리를 웃기고 울렸다. 딸아이가 선물을 해준 이 영화는 오랫동안 가슴에 남아 있을 것이다.

영화는 끝났지만 저렇게 억울하게 사형 된 사람이 있다는 것에 화가 났다. 우리나라 법이 약자에게도 공평하고 더 진실했으면 좋겠다고 생각하면서 하늘을 올려다보았다. 예승이와 아빠 용구가 풍선을 단 열기구를 타고 진주 하늘을 날아가고 있었다.

눈물을 멈출 수 없는 영화 '생일'

목련이 지고 벚꽃도 진다. 꽃들이 송이송이 낙화하는 봄날, 세월호 5주기인 2019년 4월 16일에 〈생일〉이라는 영화를 보러 갔다. 이영화는 2014년 4월 16일 세월호 사건 이후 남은 유가족들의 살아가는 모습을 담은 영화다. 실은 너무 아플 것 같아서, 아니, 아프기 싫어서 영화를 보지 않으려고 했다. 하지만 나는 이미 그녀의 손을 잡고 극장에 앉아 있었다. 여자끼리 커플석에 앉아서 서로를 바라보며 멋쩍어 웃었다. 이 웃음 이후 우리는 영화가 끝이 났는데도 울음을 멈출 수가 없었다.

고요함 속에서 영화가 시작되었다. 아들 수호를 갑자기 떠나보낸 엄마와 아버지와 여동생, 그 가족들의 일상이 잔잔하게 그려졌다. 하루아침에 아들이 하늘나라로 떠나버렸는데 늘 함께하던 밥상에서 밥을 먹으면 맛을 알 수 있을까? 밤이 찾아와 베개를 베고 누워도 제대로 잠을 이룰 수 있었을까? 마트에서 일을 해도 행복을 느낄 수 있을까? 수호 아버지 역으로 나오는 배우 설경구가 아들과 낚시했던 추억을 떠올릴 때, 여권에 도장을 받을 때, 눈물을 참을 수가 없었다. 수호가 사용했던 물건들을 그대로 보관해 두고 있었다. 그뿐만 아니라 수호 옷을 사 와서 교복 위에 걸어두고 수호가 없는 방에서 수호와 대화를 나누는 엄마의 모습, 수호의 엄마 역으로 나오는 배우 전도연이 수호의 생전 모습을 떠올리며 "혼자 떠나면 어쩌라고" 하면서 목 놓아 꺼이꺼이 우는 장면에서 나도 그만 꺼이꺼이 울어버리고 말았다. 내 옆에 앉은 그녀도 그랬다. 마치 그 옛날 나의 모습을 보는 것 같아서 가슴이 찢어지는 것만 같았다.

자식을 먼저 보낸 부모의 마음이란 겪어보지 못한 사람은 모를 것이다. 가슴 저 밑바닥에 묻어 두었던 지난 세월이 올라와 미친 듯이 눈물을 쏟았다. 수호 가족들은 스크린 안에서 울고 우리는 스크린 밖에서 울었다. 하지만 우리는 서로 한 가족처럼 흐느꼈다. 우리는 어쩌면 저마다 자신의 상처를 꺼내놓고 그들의 상처와 하나가 되어 울었는지도 모르겠다. 이렇게 울고 나면 모든 상처가 저 멀리 사라지면 얼마나 좋을까?

수호 가족은 처음에는 유가족을 만나려고 하지 않았다. 하지만 그들이 내미는 따뜻한 손길에 결국은 유가족들과 함께 수호 생일 자리를 만들어 생전 수호와의 추억을 나누었다. 수호는 떠나고 없지만 수호의 생일날에 가족들과 유가족이 모여 수호의 생일을 축하해 주었다. 유가족들과 남은 가족들이 서로의 상처를 다독여주었다. 저마다 상처 속에서 수호를 그리워하며 살아가는 가족들의 모습은 아픔 그 자체였다. 서로 피하고 묻어 두고 모른척하지 않고 마음껏 수호에 대한 이야기를 나누고 그리워하며 다 함께 추모하였다. 영원히 널 잊지 않겠다며 모두가 돌아가면서 수호를 추억했다. 이때 어느 시인이 쓴 수호 이야기를 낭독하는데 명치끝이 어찌나 아리던지 또다시 하염없이 눈물을 쏟았다. 같은 아픔과 비슷한 상처를 품은 사람들끼리 위로하고 격려하는 유가족들의 모습이 진한 감동이었다.

누구라도 "또 세월호 이야기하느냐?"라고 말해서는 아니 될 것이다. "또 단원고 이야기냐?"라고도 말하지 말아야 할 것이다. 하루 아침에 자식을 잃은 부모 심정을 그 누가 알 것이며, 그 무엇으로 보상받을 수 있겠는가? 자식이 죽으면 가슴에 묻는 법이건만 가슴에 단단한 돌이 된 아픔을 그 누가 알겠는가? 그들에게 트라우마가 되어 쉬이 현실로 돌아오지 못한 채 살아가고 있지 않은가? 우리는 인간으로서 억울하게 사라져 간 영혼들을 진정으로 달래주어야 하리라. 정치와 이념을 넘어서 지금부터라도 그들의 아픔이 조금이라도 더 치유될 수 있도록 우리가 함께 울어주어야 하리라. 꽃 진 자리에 더 단단한 열매가 맺히도록 유가족들의 상처를 어루만져 주어야 하리라. 그리고 사고의 진실이 규명되고 소중한 어린 꽃들의 넋이 더는 억울함이 없도록 기억하고 추모해야 할 것이다.

잔잔한 감동이 흐르는 '굿모닝 프레지던트'

　오래전부터 나는 시네마데이트를 즐기고 있다. 관심 있는 영화는 되도록 미루지 않으며 개봉하는 그날 보러 가는 것을 주저하지 않는다. 이는 내 삶에 있어서 또 하나의 즐거움이다. 두 장밖에 남지 않은 책상 위의 달력과 눈 맞춤을 하다가, 22일에 '〈굿모닝 프레지던트〉 개봉'이라고 쓰여 있었다. 이 영화는 보통 사람들은 잘 알 수 없는 청와대의 비하인드 스토리를 엮은 장진 감독의 영화다. 개봉 7일 만에 벌써 관객 100만 명을 돌파했다. 그 비결은 대한민국 대표 배우들의 명연기와 코미디 연기로 변신한 장동건의 역할이 한몫했을 터이다. 이 불황에 흥행이 어디까지 이어질지 관심이 쏠렸다.

　첫 번째 대통령으로 나오는 김정호 대통령(이순재)은 로또 1등인 244억에 당첨이 되어 여러 가지 사건이 일어나고, 깊은 고민에 빠지게 된다. 하지만, 결국에는 좋은 일에 사용하라며 전액을 사회에 기부하였다. "내가 가진 돈 중에서 나에게 과분하거나 내 몫이 아닌 돈은 지금 당장 기부하라" 정확하진 않지만 이런 대사가 나왔다. 나를 감동시키기에 충분한 대사였다.

두 번째 대통령은 차지욱(장동건)이다. 젊은 꽃미남 대통령으로서 카리스마가 넘치지만, 한 시민에게 자신의 심장이식을 해 줄 정도로 따뜻한 마음을 가진 사람이다. 일본 대사와 회담하는 장면에서는 "내가 무서워하는 게 세 가지가 있죠. 하나는 주사 맞는 것, 두 번째는 아들이 손들고 질문하는 것, 마지막은 촛불시위랍니다"라는 인간미 넘치는 대화로 위기를 슬기롭게 풀어가는 모습이 인상적이었다. 또한, 첫사랑 앞에서는 그저 평범하고 소심한 소년의 모습 그 자체였다. 대통령의 여러 가지 모습을 보면서 정말로 이런 대통령이 있을까 상상해 보기도 했고, 또한 그런 대통령이 있으면 얼마나 좋을까 기대해 보기도 하였다.

마지막으로 당선된 대통령은 한경자(고두심)다. 일에 대한 열정이 남다른 여자 대통령이다. 하지만, 서민인 남편(임하룡)의 대책 없는 내조로 탄핵과 이혼 위기에 놓이게 되었다. 여자로서 대통령 역할을 수행한다는 것이 얼마나 어려운지를 알게 되었다. 대통령은 하루 일정이 시작되기 전에 여느 대통령이 그러하듯 제일 먼저 주방장을 만나게 된다. 주방장은 "좋은 아침입니다. 대통령님!"이란 인사로 대통령을 맞이한다. 대통령은 주방장의 조언에 이혼을 결심했던 마음을 고쳐먹게 되었다. "불행한 대통령은 국민을 행복하게 만들 수는 있어도, 불행한 대통령의 국민들은 절대 행복하지 않습니다"라는 주방장의 말이 채 끝나기도 전에 남편에게로 달려갔다. 어렵게 만난 두 사람에겐 아무런 말도 필요치 않았다. 서로 손을 잡고 절제된 스텝으로 춤을 추는 것이 전부였다. 이미 한마음이 되어 춤추는 중년 부부의 모습은 참으로 아름다웠다.

　보통 우리나라 정치를 다룬 영화나 드라마를 보면, 뒷거래(?)나 욕설, 그리고 폭력을 담은 내용이 들어가지 않고서는 영화의 맛을 살리지 못할 정도로 그러한 장면들이 많지 않았나 생각한다. 그러나 이 영화만큼은 그로부터 자유로웠고, 분명하게 차별화되었기에 점수를 후하게 주고 싶다. 전문가는 아니지만, 참으로 잘 만든 따스한 영화라는 생각이 들었다.

　우리들은 대개 대통령이나 정치를 하는 사람들은 피도 눈물도 없을 정도로 냉철한 사람이라는 선입견을 가지고 있다. 하지만, 특별하게만 보이고 그저 멀게만 느꼈던 대통령도 우리와 똑같은 가슴을 가진 사람이고, 이처럼 따뜻한 마음의 소유자임을 실감하게 되는 영화였다. 나는 정치 영화는 그다지 즐기지 않는다. 하지만, 이 영화는 코믹한 가운데서도 잔잔한 감동이 살아 있어서 좋았다.

　짙어가는 이 가을에 가족이나 친구, 연인끼리 영화관을 찾아가서 이런 대통령을 한 번쯤 만나 보는 것도 의미가 있을 것이다.

쉬이 잠들지 못하는 영화 '도가니'

요즘 연일 신문과 방송에 연일 공지영 작가의 소설 『도가니』가 영화로 나왔다고 뉴스와 연예 프로에서 소개되고 있었다. 나는 궁금증을 참지 못해 〈도가니〉를 관람하기 위해 영화관으로 향했다. 그저 공지영 작가의 소설 속의 소설이기를 바라는 마음도 간절했다. 이 영화는 배우 공유가 이 책을 선물 받아서 읽고 난 후 영화로 만들어 진실을 세상에 알리자고 제안하였다고 한다. 영화는 한마디로 충격이었다. 준비해 간 팝콘이나 음료수는 한 방울도 목구멍 안으로 섭취할 수가 없었다.

〈도가니〉라는 영화는 2005년에 광주인화학교에서 교장과 교사들이 오랫동안 청각장애 아동들에게 성폭행과 학대를 한 사건을 다루고 있었다. 은사인 김교수의 추천으로 강인호(공유)는 미술 교사가 되어 인화학교에 부임하게 되었다. 그러나 강인호는 출근 첫날부터 고라니를 치어 죽이는 사고를 내게 되었고, 이 장면과 철길에서 자살한 한 아이의 장면이 교차하면서 영화는 시작부터 긴장감이 돌았다. 그날 자살을 한 아이는 장애인 학교인 인화학교의 남학생이었고 남자 교사에게 성폭행 당한 후 철길로 걸어가 자살한 것이었다.

강인호 교사는 그 학교의 교장과 행정실장이 쌍둥이인 걸 보면서 놀랐고, 동생인 행정실장이 학교발전기금이라는 명목으로 5천만 원을 요구하는 것에 또 놀랐다. 그의 어머니는 전세금을 해약해 돈을 마련해서 아들에게 전해 주었고 그는 담임을 맡게 되었다. 아무리 장애인이라도 아이들의 표정이 너무 어둡고 사람을 심하게 경계하는 것을 느꼈다. 그는 교장과 행정실장, 교사가 성폭행을 하고 있다는 엄청난 사실을 알게 되었다. 그것도 모자라서 말을 듣지 않는다고 소리를 내지 못하고 울부짖는 아이들에게 폭력을 가했다. 박 선생은 "맞을 때도 예의를 갖추라"면서 아이들을 때렸다. 더 어처구니가 없는 것은 그 일이 교장실에서 교장이 보는 앞에서 이루어지고 있다는 사실이었다. 오히려 교장은 "박 선생도 이제 늙었나봐"라며 한술 더 뜨기까지 하였다. 교장과 행정실장도 청각장애가 있는 어린 여자아이를 사탕이나 돈으로 꼬드겨서 교장실과 화장실에서 성폭행하였다. 차마 두 눈을 뜨고 그 장면들을 볼 수가 없었다. 가슴이 아파서 눈물이 나왔다. 어떻게 인간의 탈을 쓰고 보호해야 할 나약한 장애아들에게 저런 행위를 할 수 있단 말인가?

　무진인권보호센터의 간사인 서유진(정유미)과 강인호는 교장과 교사들이 자행한 성폭력과 폭행을 아이들의 수화를 통해 모두 다 듣고 이 진실을 밝히기로 결심하였다. 아이들이 성폭력을 당한 장면들을 하나하나 비디오에 담았다. 그것은 소리 없는 울음이었다. 이 자료를 들고서 고발하려고 경찰서를 찾아갔지만 수사를 해주지 않았다. 교육청은 시청으로 시청은 교육청으로 사건을 서로 떠넘기려고만 하였다. 그들의 말을 아무도 들어 주려고 하지 않았고 믿어 주려고 하지 않았다. 장애인 아이들을 지켜주려는 두 사람의 끝없는 노력과 투쟁에도 불구하고 결국 법조차도 뒷거래가 이루어져 가벼운 형량으로 사건은 마무리되고 만다. 강인호 교사는 '세상에서 가장 소중한 것은 눈에 보이지 않는 것이다'라는 헬렌 켈러의 말을 아이들에게 수화로 해주며 위로해 주었다.

영화를 보고 나서 도저히 쉽게 잠을 청할 수가 없었다. 이 끔찍한 일들이 진실이라고 하니 지금도 믿어지지 않는다. 겁에 질려서 "정말로 저 나쁜 사람들에게 벌을 줄 수 있나요?"라며 수화를 하는 아이들의 애절한 눈빛이 나를 따라온다. 온몸과 육신이 상처받은 그 가여운 아이들을 생각하니 가슴이 아려서 아무것도 할 수가 없었다. 무엇을 하고 어떻게 해야 할지 몰랐다. 그저 날이 밝도록 몽유병 환자처럼 어두운 거실을 서성거리고만 있었다. 그런데 더 놀라운 건 공지영 작가의 말, 영화나 소설은 실제 사건의 십분의 일밖에 안 된다는 사실에 입이 다물어지지 않았다. 그나마 다행인 것은 '도가니'의 영향으로 이들의 죄상은 낱낱이 세상에 드러나게 되었고, 교장 등 주범들은 처벌을 받고 학교는 결국 폐교했다고 한다. 이런 걸 불행 중 다행이라고 해야 하는지 적합한 말이 떠오르지 않는다.

목숨 걸고 지켜낸 우리말 '말모이'

'말모이'는 영화 제목이다. 사전辭典의 순우리말이며 조선어학회
가 사전을 만들기 위해 일제의 감시를 피해 전국의 우리말을 모았
던 비밀작전의 이름이다. 이 영화를 보는 내내 이내 가슴이 아렸다.
아니 답답하고 안타깝고 눈물이 났다.

'말모이'는 우리말 사용이 금지된 1940년대, 까막눈 김판수(유해
진)가 조선어학회 대표 류정환(윤계상)을 만나 사전을 만들기 위해
비밀리에 전국의 우리말과 마음까지 모으는 이야기를 담은 감동적
인 영화다. 일제강점기를 배경으로 하였기에 마냥 웃을 수만 없었
다. 웃다가 울다가 감정을 터치하게 만드는 영화였다. 김판수의 딸
역으로 나오는 순희(박예나)가 "호떡 사주세요" 하고 아버지에게
외치던 말이 아직도 생생하고 호떡의 의미도 알게 되었다.

이 영화에서 조선어학회 대표로 나오는 류정환의 실제 주인공은
이극로 선생(1893-1978)이라고 한다. 그는 1940년대 전국의 사
투리(토박이말)를 모아 그 가운데 표준말을 골라 확정하는 작업을
진두지휘한 인물이며, 조선어 사전편찬회와 조선어학회 두 기관에
우리말 사전을 만드는 일을 주도했으며, 16만 어휘를 뜻풀이하는

'말모이(우리말 사전)' 편찬 작업도 진행하였다고 한다. 영화에 나오는 영화관에서 공청회를 하는 장면도 실제로 있었던 일이라고 한다. 그는 일본의 식민지가 된 조선 사회에서도 우리말 독립운동을 완수한 인물이며, 이를 위해 그는 언어 독립운동에 방해받지 않으려고 보성전문학교 교장직(지금의 고려대 총장)도 사양하였다는 기록을 보니, 그가 얼마나 언어 독립운동을 중요시했는지 알 수가 있었다. 존경심이 저절로 우러나왔다. 당시 재정난과 서슬이 시퍼런 일본 제국 치하에서도 우리 조선 사람은 한글을 알아야만 우리 민족이 멸망하지 않는다고 하면서 끝까지 우리말을 지켜냈고 조선어 대사전의 원고를 완성한 인물이다.

그는 일제강점기에도 합법적 공간을 이용해 한글 운동이라는 문화투쟁을 전개했다. 이야말로 항일투쟁이고 민족해방운동이며 진정한 언어 독립운동이 아니겠는가? 영화에서 표준말 제정을 돕기 위해 전국에서 올라온 동포들에게 류정환 대표는 "말은 민족의 정신입니다. 글은 민족의 생명입니다"라는 연설을 하는데 어찌나 눈물이 나던지 감정이 추슬러지지 않아 혼이 났다. 김판수의 아들은 창씨 개명을 하여 일본 이름으로 불렸지만 딸로 나오는 순희는 아직 한글을 사용하였고 한글 이름을 불렀다. 우리말도 마음대로 사용할 수 없었던 그 시절의 삶을 보며 가슴이 찢어지는 아픔을 느꼈다. 세종대왕께서 만든 이 아름다운 우리말을 지켜주신 이극로 선생님과 조상님들께 고개 숙여 감사를 드린다. 이런 위대한 분들이 계셨기에 지금 우리가 우리말을 마음껏 사용할 수 있는 것이 아니 겠는가?

내가 능력이 있다면 대한민국 국민 모두에게 무료로 관람시켜 주고 싶은 영화다. 특히, 한글 단체나 지도자, 글을 쓰는 작가나 시낭송가라면 반드시 이 영화를 보라고 권하고 싶다. 아니 강요하고 싶다. 대한민국 국민이라면 모두가 의무적으로 관람해야 할 영화라고 생각한다.

우리는 세종대왕께서 한글을 만드시고 일제강점기의 억압 속에서도 끝까지 지켜온 우리의 언어, 한글을 소중히 생각하고 감사하게 여겨야 할 것이다. 그리고 나부터 우리말의 가치를 알고 올바르게 사용해야겠다고 다짐한다. 나는 앞으로 글을 쓸 때, 말을 할 때도 한글을 올바르게 사용하도록 신중을 기해야겠다. 또한 우리 글을 목숨 걸고 지켜낸 조상들께 감사하는 마음을 가져야겠다. 시낭송을 할 때도 더 감사하는 마음으로 더 아름다운 마음가짐으로 낭송해야겠다. 우리말을 올바르게 사용하고 아름답게 보급하는 일, 우리 모두가 함께 앞장서야 할 일이라 여겨진다. 이 영화의 대사처럼 한 사람의 열 걸음보다 열 사람의 한 걸음이 더 값어치 있지 않겠는가?

손수건 없이 볼 수 없는 영화 '하모니'

영화 '하모니'를 보러 가려면 꼭 필요한 준비물이 한 가지 있다. 바로 손수건이다. 영화를 보는 내내 주책없이 흘러내리는 눈물 때문에 친구의 손수건을 내 것마냥 염치없이 독점했다. 처음부터 영화 〈하모니〉를 보려고 극장에 간 것이 아니라, 해외영화 중에서는 국내 관객이 처음으로 천만 명을 넘어섰다는 '아바타'를 보러 간 것이었다. 아들이 보고 와서 내게 권유한 탓이기도 하지만 내심 나도 뉴스를 통해 궁금했던 차이기 때문이다. 그런데 관람 시간이 세 시간이라는 말에 시간적 여유가 없는 아줌마인지라 하는 수 없이 생각을 바꿔 여자교도소를 배경으로 한 영화 〈하모니〉를 보기로 결정하였다.

가족에게 철저하게 외면당한 채 살아가는 사형수 문옥(나문희)과 임신 중에 남편을 살해하고, 살인죄로 복역 중 아이를 낳은 정혜(김윤진)를 중심으로 스토리는 시작되었다. 저마다 가슴 아픈 사연으로 교도소에 올 수밖에 없었던 이야기를 하는 장면에서는 죄수복을 입은 그들에게 미안한 마음이 들었고, 그 심정이 이해되었다. 죄는 미워하되 사람은 미워할 수 없는 이유를 알 것 같았다.

답장 한번 없지만 딸에게 편지를 쓰는 즐거움으로 살아가는 사형수 문옥과 아들 민우와의 나들이가 유일한 소원인 정혜, 의붓아버지를 죽이고 깊은 상처에 빠져 엄마와도 단절해 버린 유미, 입은 거칠지만 화끈한 의리파의 화자, 외모와는 상반되게 로맨티시스트인 프로레슬러 선수 연실 등, 5호방 수감자들의 생활 모습은 내 선입견과는 달리 너무나도 따스하고 경쾌하면서도 가슴 뭉클한 감동이 있었다.

가장 중심이 되는 내용은 아무것도 모른 채 정혜와 함께 천진난만하게 교도소에서 생활하는 아들 민우였다. 그 누구도 민우에게만은 약자였다. 민우는 수감자 모두의 귀여움을 독차지하였고, 모두의 아들임과 동시에 그들의 희망이기도 하였다. 하지만 교도소의 규정상 1년 6개월이 지나면 아들과 이별해야 하고 어쩔 수 없이 입양시켜야 한다. 정혜는 "합창단을 성공적으로 결성하면 아들과 첫 외출을 할 수 있다"는 교도소장의 말에 문옥과 수감생들을 끈질기게 설득하여 '하모니'라는 합창단을 결성하게 되었다. 그녀도 꾸준한 연습으로 음치에서 벗어나 자신감을 가졌다. 불가능을 가능하게 만든 것이다. 이는 오로지 아들에 대한 사랑의 힘이 있었기에 가능한 일이었다.

각자 다른 것들이 모여서 하나가 되기는 쉬운 게 아니다. 하지만 그들은 합창을 통해서 굳게 닫혔던 마음의 문을 열며, 모두 하나가 되었다. 마음을 모으는 데는 역시 음악이 최고라는 생각이 들었다.

그들의 소리는 그 어떠한 글로도 표현할 길이 없다. 하모니의 합창 선율에 취해 있으니 천사들이 사뿐히 내려와 노래를 불러주는 것 같았고, 마치 거룩한 콘서트에 온 듯 착각이 들었다.

드디어 합창단 발표회를 환호 속에서 마치고, 정혜는 아들과 함께 세상 밖으로 나오게 되었다. 기쁨도 잠시, 아들을 입양시키고 돌아서는 길에 울음을 토하지만 교도소로 다시 돌아가야만 했다. 그리고 4년 후, 그들은 구구절절한 사연 끝에 전국 음악회에 초청받아서 서울에서 공연하게 되었다. 감격적으로 음악회를 마치고 각자의 가족들과 면담하게 되는 특별한 기회까지 부여받았다. 그동안 쌓여 온 가족 간의 미움도 원망도 걷어내는 과정을 보면서 또 한바탕 눈물을 쏟았다.

지금도 가슴속에 박혀있는 장면이 하나 있다. 사형장으로 향하는 문옥의 표정이다. 희로애락을 다 머금은 그녀의 표정, 죽음 앞에서도 초연한 그 표정은 오랜 세월이 흘러도 잊혀지지 않을 것 같다. 어느 책에선가 "시를 읽는다는 것은 삶을 아름답게 꿈꾸는 것이고, 음악을 듣는다는 것은 삶을 찬란하게 누린다"는 의미라고 하였다. 우리의 삶에 꿈과 누림이 있다면 더 이상 무엇을 바라겠는가? 오랜만에 손수건 없이는 볼 수 없는 휴먼 영화를 만나 눈물로서 카타르시스를 느낄 수 있었다. 영화 속 하모니가 부른 합창을 검색하여 그 감미로움을 한 번 더 누려 보아야겠다.

그 뜨거운 외침 '카레아 우라'

이보다 가슴이 뜨거워지는 말이 어디 있을까? 이토 히로부미를 암살하던 순간, 러시아어로 "대한독립만세"를 외치고 당당하게 끌려가던 안중근의 모습은 얼마나 가슴 뜨겁게 하던지, 눈물이 앞을 가렸다. 남의 땅 하얼빈에서 울려 퍼지던 안중근(현빈)의 위대한 외침, "카레아 우라! 카레아 우라! 카레아 우라!" 영화관을 나와서도 환청이 들리는 듯했다.

2024년 매듭달, 대한민국이 먹구름으로 가득하다. 모두가 '코리아블루'에 갇혀버릴까 걱정되는 나날이다. 보고 싶었던 영화 〈하얼빈〉을 보려고 영화관에 몸을 실었다. 대한민국의 무거운 현실을 뒤로하고 영화 속으로 빠져들었다.

1908년 함경북도 신아산 전투에서 안중근이 이끄는 독립군이 일본군에 승리하였다. 안중근은 전쟁포로로 잡힌 일본군 모리 다쓰모(박훈)를 독립군의 반대에도 풀어주었다. 안중근은 눈에 보이지 않는 의심을 받으며 갈등을 겪게 되었고, 결국 석방된 일본군들의 침략에 독립군이 패하게 되었다. 수많은 의병들이 전쟁터에서 목숨을 잃었다. 눈 속에서 서로를 죽이고 죽이는 아비규환의 장면은 그야

말로 지옥이었다. 끔찍한 장면들은 눈 뜨고 보기가 힘들었다. 영화를 보면서 나도 모르게 두 손을 모았다. 이 지구상에서 전쟁이 사라지기를 순간적으로 기도했다.

안중근은 혼자 살아남아서 두만강을 건너며 자살을 생각하다가 '내가 해야 일이 무엇인지 알았다'라며 더 큰 결심으로 독립운동을 다시 시작하였다. 전쟁터에서 나라를 위해 싸우다가 먼저 목숨을 잃은 독립군을 대신해서 우리가 지금 살아가는 것이라며 '이토 히로부미'를 처단하기로 독립군들과 뜻을 모았다. 그러나 독립군 사이에 밀정이 있어서 정보가 일본군에 새어 나가 어려움에 직면한다. 안중근은 '이토 히로부미'가 하얼빈으로 간다는 것을 알게 되었고 '늙은 늑대를 처단하라'라는 목표에 전념하며 그 역시도 하얼빈으로 갔다. 마침내 안중근은 포기하지 않고 '이토 히로부미'를 권총으로 저격하였고 마지막 순간에 큰 소리로 외쳤다. "카레아 우라(대한민국 만세)" 그 외침에 눈물이 났다. 안중근은 재판도 없이 처형을 당하는 운명이 되었지만, 안중근이 살려주었던 독립군의 밀정이 일본군을 죽이는 반전은 놀라웠다. 영화가 끝났는데도 쉬이 자리에서 일어날 수 없었다.

다사다난했던 갑진년이 저물고 2025년 을사년 새해가 밝았다. 대한민국의 평화를 위해 두 손을 모았다. 곧 봄이 올 것을 굳게 믿는다. 을사년 새해 해오름달 첫날에 본 한 편의 영화가 큰 힘이 되었다. 역사적 사실을 넘어 감동으로 가슴을 뜨거워지게 했다. 안중근 의사 기념관을 방문할 것을 새해 버킷리스트에 담았다. 대한민국 국민이라면 이 영화를 꼭 보라고 권하고 싶다. 무엇이 나라를 위하는 길이고 국민을 위하는 일인지, 진정한 평화가 무엇인지, 진정한 애국이 무엇인지? 고뇌하고 고뇌하며 권력자들은 반드시 관람하고 모든 국민도 초심으로 돌아가 이 영화를 보고 느끼기를 바란다. 나라가 어지러운 시국에 이 영화로 마음을 다잡아 보았다. 이른 아침 원지 강변길을 거닐며 마음속으로 수천 번 소리쳐 보았다.

카레아 우라! 카레아 우라!

진정한 꿈을 키우는 영화 '맨발의 꿈'

나는 운동 경기 중에서도 남자들이 죽고 못 사는 축구에는 관심이 없다. 조기축구회에서 다리를 다쳐 한 달 동안 깁스를 했던 남편과는 달리 축구에 대한 관심이 그리 많지 않은 것이다. 그런데 요즘 갑자기 축구 광팬이 되었다. 지난 23일에도 잠이 많은 아이들을 새벽 3시에 깨워서 경기를 함께 보았다. 딸아이는 붉은 악마 머리띠를 쓰고서 응원하였다. 후반전에는 불안해서 도저히 앉아서 경기를 볼 수가 없었다. 우리는 태극전사들과 한몸이 되어 그라운드를 누비듯 움직였다. 결국 우리나라가 나이지리아와 2:2로 비기면서 16강이 확정됐을 때 우리 집뿐만 아니라 주변 아파트들이 들썩했다. 일제히 "대~한민국"을 외쳤다. 이 새벽에 우리 가족 모두가 깨어있는 것은 처음 있는 일이었다. 남아공 월드컵 16강, 8강 진출을 염원하는 마음 앞에서는 강자도 약자도, 부자도 가난한 사람도 없이 모두가 하나가 되어 응원할 수 있음에 더 큰 의미가 있는 듯하다.

드디어 축구와 관련된 영화감상에까지 관심이 뻗어 나갔다. 달력에 '6월 24일 개봉'이라고 체크 해 놓고 빨리 그날이 오기를 기다렸다. 바로 영화 〈맨발의 꿈〉이 개봉하는 날이었다. 영화를 좋아할 것 같은 지인들께도 감동을 느껴보라고 문자를 보냈는데, 홍보와는 달리 월드컵을 겨냥한 상업성 영화면 어쩌지? 하는 걱정이 되었다. 하지만 그것은 내 기우杞憂에 불과했다. 재미와 감동이 한꺼번에 밀려와 그 어느 공포영화보다도 시원하게 한여름의 더위를 날려주었다.

이 영화는 450년의 기나긴 식민지에서 벗어나 21세기 최초의 독립국인 동티모르에서 전직 한국 축구선수가 스포츠 사업으로 시작하여 결국은 맨발의 아이들과 축구단을 결성하여 국제 유소년축구대회에서 승리하는 기적 같은 이야기다. 이 영화는 한국인 김신환 감독의 실화를 바탕으로 한 영화라고 하였다. 주인공인 원광은 동티모르에서 축구샵을 개업하였으나 축구화를 두 달에 한 켤레밖에 팔지 못하였다. 먹고 살기도 빠듯한 세계 최빈국인 이 나라 아이들이 아무리 축구를 좋아한들 60불짜리 축구화는 꿈도 꿀 수 없었던 탓이다.

원광은 "원 데이 원 달러One Day, One Dollar"를 외치며, 말하자면 동티모르 아이들에게 축구화를 할부로 판매하기 시작하였다. 아이들의 코 묻은 돈을 거둬들이는 모습을 보고 그는 마을 어른들에게 사기꾼으로 오해를 받았다. 이래저래 모든 것들이 어려워져 대한민국으로 돌아갈 것을 결심하지만, 그동안 정든 동티모르의 아이들이 찾아와 "가지 마세요!" 하며 눈물로 그를 붙잡았다. 원광은 축구선수를 꿈꾸는 그 아이들의 눈망울을 뿌리칠 수가 없었다. "가난하다고 꿈까지 가난할 수는 없다"며 맨발의 아이들에게 축구화를 무료로 나누어 주었다. 이제는 맨발이 아닌 그 축구화를 신고 뛰고 또 뛰며 피나는 훈련을 하였다.

그는 대사관에 근무하는 친구 인기에게 "지금까지 시작을 많이 하였으나 끝은 보지 못했다. 이 아이들과는 끝까지 가보고 싶다"고 말했다. 지금까지 원광을 신임하지 않던 인기도 그의 진심을 듣고는 적극적으로 도와주었다. 인기의 노력으로 여러 단체의 후원까지 받으면서 히로시마에 가는 경비를 해결할 수가 있었다. 그리하여 그렇게도 꿈꾸던 제30회 리베리노컵 국제유소년축구대회에 출전하였다.

전반전이 끝나고 2골이나 지고 있는 상황에서도 원광은 아이들에게 이렇게 말했다. "반드시 이기지 않아도 된다. 단, 후회하지 않도록 하자"라며 용기를 주었다. 경기 도중에 마모스가 넘어졌을 때, 내전으로 인한 어른들의 상처로 늘 경쟁 상대였던 모따비오가 손을 내밀어 일으켜 주었다. 이로 인해 두 사람 사이의 갈등이 해소되었고, 패스가 원활하게 이루어져 연속 골을 넣게 되었다. 키가 작다는 이유로 원광에게 외면당했던 조세핀의 오빠인 뚜아가 경기종료 채 1분도 남지 않은 상황에서 결승 골을 넣는다.

친구와 나는 마치 대한민국이 승리한 듯 기뻐하며 박수를 쳤다. 극장 안은 순식간에 붉은 악마 응원단이 되어버린 듯하였다. 극장을 돌아 나오며 친구는 내게 말했다. "우리 조금이라도, 동티모르 아이들을 위해서 후원하자"고. 마음까지 예쁜 친구가 이내 곁에 있어 참 행복한 순간이었다.

*'라꾸스'는 우리말로 '좋다'(나이스)라는 뜻이다.

다시 보고 싶은 영화 '동주'

영화 〈동주〉는 난생처음으로 단체관람을 하자고 권유한 영화다. 한 시인의 삶을 그린 영화가 만들어지고 극장에서 상영한다는 소식이 문학을 좋아하는 사람으로서 얼마나 큰 행복인지 모른다. 그렇게 드디어 영화를 보러 가기로 약속한 날, 2월 28일이 되었다. 13명의 문학회 회원들이 함께 극장에 도란도란 앉아서 〈동주〉를 관람하게 되었지만 개인 사정으로 동행하지 못한 회원들이 있어서 못내 아쉬웠다. 저마다 중년의 나이를 넘어선 회원들이 문학소녀가 되어 바라보는 눈빛은 순수하고 아름다워 보였다.

영화는 일제강점기를 배경으로 하고 있었다. 우리말과 이름, 글과 꿈조차도 허락되지 않았던 그 시대에 오로지 시를 쓰려고 했던 민족시인 윤동주, 그의 친척이며 평생의 친구였던 독립운동가 송몽규, 두 청춘의 삶을 다룬 영화였다. 영화는 흑백화면으로 이어졌지만 그 어느 영화장면보다 몰입도가 높았고 스크린 속으로 쉬이 빨려들었다. 송몽규는 일찍이 신춘문예에 당선될 만큼 문학적인 재주가 많았다. 하지만 그는 동주가 좋아하는 정지용 시집을 구해다 줄 정도로 동주를 아끼고 언제나 사이좋게 지냈다. 두 사람은 지금의 연세대학교 전신인 연희전문학교에 입학하였고 동주의 시집을 출간하려 준비하였으나 꿈을 이루지 못하였다. 내향적인 윤동주 시인에 비해 송몽규는 외향적이었다. 송몽규는 졸업식에서 졸업생 대표로 상장과 부상으로 책을 받았는데 그 책이 일본을 찬양하는 책이라 졸업식장에서 책을 내던지고 나가버렸다.

영화 속에서 주인공의 목소리로 윤동주의 시가 여러 편이 낭송되었는데, 그중 여진이와 동주가 밤길을 걸을 때 「별 헤는 밤」이 낭송되었다. 화면에는 밤하늘의 별들이 금방이라도 쏟아질 듯했다. 내가 자주 낭송하던 이 시가 마치 처음 듣는 시처럼 신선하게 다가왔다. 별 하나에 추억과 별 하나에 사랑과, 별 하나에 쓸쓸함과 별 하나에 동경과, 별 하나에 시와, 별 하나에 어머니 어머니, 이 모든 그리움을 시에 담았나 보다. 영화를 보는 내내 가슴이 답답해지며 쓸쓸함을 넘어 눈물이 차올랐다. 내가 저 시대 사람이었다면 나는 어떻게 했을까? 일본 유학을 위해 어쩔 수 없이 창씨개명을 해야 했을 때는 「참회록」이란 시가 낭송되었다. 자화상이 낭송될 때는 그 사나이를 생각하며 따라 읊조려 보았다. 이 외에도, 「새로운 길」 등 주옥같은 시가 낭송되어 마치 시낭송 공연장에 와 있는 착각이 들었다. 앞으로 시낭송을 할 때 더욱더 애국하는 마음으로 진정성을 담아야겠다는 생각이 밀려왔다.

연희전문을 졸업 후, 그들은 26살의 나이에 일본 유학을 하게 되었다. 일본에 주권을 빼앗긴 시대에 우리 말과 글을 억압당하고 창씨개명을 강요당하자 주위 친구들은 목숨을 걸고 독립운동에 참여하였다. 송몽규 역시 임시정부 요원이 되어 활동하였다. 그럼에도 자신은 육첩 방 남의 나라에서 쉽게 시를 쓰다니 스스로를 부끄러워했다. 부끄러움을 아는 것은 부끄러운 것이 아니며 부끄러움을 모르는 것이 부끄러운 것이라고 정지용 시인이 말했듯이 윤동주 시인은 부끄러워할 줄 알고 성찰할 줄 알았다.「쉽게 씌어진 시」에도 '창밖에는 밤비가 속살거려 육첩 방은 남의 나라, 인생은 살기 어렵다는데 시가 이렇게 쉽게 씌어지는 것은 부끄러운 일이다'라고 쓰여 있다. 이처럼 그의 진심이 시어에 고스란히 담겨 있었다.

송몽규는 결국 독립운동을 주도하다가 체포되었고 윤동주도 시의 내용이 불온하다고 하여 체포되어 심한 고문에 시달렸다. 두 사람은 징역형을 선고받고 후쿠오카 형무소로 이송되었다. 일본 경찰은 그들에게 서명을 요구하였다. 송몽규는 일본어가 아닌 한글로 자신의 이름을 적었고 윤동주 시인은 끝까지 서명을 하지 않았다. 두 사람은 그곳에서 생체실험을 당하다가 1945년 29살의 젊은 나이로 목숨을 잃었다. 제대로 삶을 꽃피우지도 못하고 그들은 해방된 조국의 하늘도 보지 못한 채 떠났다. 하지만 우리들의 가슴에는 영원히 사라지지 않는 별이 되었다.

『하늘과 바람과 별과 시』는 그가 옥사한 지 3년 뒤에 발간된 유고 시집이다. 이 시집의 시를 육촌 형인 윤형주 가수가 노래로 만들려고 했을 때, 윤동주 시인의 아버지는 반대하며 이렇게 말했다고 한다. "시는 그 자체가 하나의 노래다. 시가 가지는 아름다운 선율과 리듬을 왜 깨뜨리려고 하느냐?" 이 말의 뜻을 이제야 알 것 같았다. 대한민국 국민이라면 암울한 시대의 삶을 시로 승화시킨 윤동주 시인의 시 한 편은 암송해야 하지 않겠는가? 윤동주 시인 역을 맡은 강하늘이라는 영화배우는 시를 읽으며 많이 울었다고 하였다. 마지막에 「서시」가 극장 안으로 울려 퍼지는데 또다시 가슴이 저리며 울컥했다. 우리 회원들은 영화가 끝났는데도 자리에서 일어나지 못하였다. 극장에서 나와서 회원님의 배려로 저녁을 먹고 찻집에서 담소를 나누었다.

이 밤, 다시 보고 싶은 영화 〈동주〉를 추억하며, 시를 써야 하는 이유와 시를 낭송해야 하는 이유를 다시 생각해 보며 베란다 창가에 홀로 앉았다. 밤하늘의 별들을 초대하여 단군 이래 가장 인기 있다는 윤동주 시인의 「서시」를 조용히 낭송해 본다.

서시

윤동주

죽는 날까지 하늘을 우러러

한 점 부끄럼이 없기를

잎새에 이는 바람에도

나는 괴로워했다

별을 노래하는 마음으로

모든 죽어가는 것을 사랑해야지

그리고 나한테 주어진 길을

걸어가야겠다

오늘 밤에도 별이 바람에 스치운다

제4부

책 속의 희망

0.1 그램의 희망

내가 참으로 닮고 싶은 진주에 사는 한 지인으로부터 한 권의 책을 선물 받았다. 오토타케 히로타다의 자서전인『오체불만족』이다. 사지가 없이 태어났음에도 오히려 정상인보다 더 정열적으로 살아가는 오토타케의 보석 같은 이야기들이 가득 담겨있었다. 신체적 결함은 불편함을 주지만, 정신적 풍요는 누구든지 누릴 수 있음을 깨닫게 된 책이었다.『오체불만족』의 감동이 채 식기도 전에 또 한 권의 책과 인연을 맺게 되는 행운이 있었다.

이 책 또한, 표지만 보아도 나를 누운 풀처럼 겸손하게 만들었다. 첫 장을 넘겨서 굳이 목차를 확인해 보지 않아도 이 모든 것에 저절로 감사하게 만드는 힘을 가진 책, 바로『0.1 그램의 희망』(이상묵, 강인식 공저)이란 제목의 책이다.

이상묵 교수는 2006년 7월 2일 캘리포니아 공과대학과 서울대가 공동으로 진행한 야외 지질연구의 마지막 코스였던 데스밸리Death Vally로 가던 중에 사막 가운데서 차가 전복되는 사고를 당하였다. 이 사고로 이상묵 교수는 척추가 완전히 마비되어 어깨 아래를 전혀 쓸 수 없는 전신마비 장애인이 되어버렸다. 1년에 평균 3개월 이상은 바다에서 지내며, 한국 해양학의 지평을 넓혀 나갔던 그였다. 오대양을 누비며 연구 활동을 진두지휘해 온 열정적인 과학자 이상묵 교수는, 하루아침에 전동휠체어에 몸을 맡길 수밖에 없게 되어버렸다. 믿을 수 없는 현실이었다.

그러나 그는 놀라운 말을 한다. "하늘은 모든 것을 가져가시고 '희망'이라는 단어 하나만을 남겨 주었다"고…. 놀랄 일은 또 있다. 그는 6개월 만에 다시 강단으로 복귀하면서 그 누구도 예상치 못한 기적을 이루었다. 2006년 12월에 서울대학교 지구환경과학부 교수로 재임용된 그는 학자로서 더욱더 왕성한 활동을 펼치고 있다. 장애인의 재활과 독립을 돕는 여러 가지 사업에도 적극적으로 참여하고 있다. 비록 전동휠체어에 갇혀서 생활하지만 자신의 세계가 조금도 좁아지지 않았다고 그는 오히려 이것이 새로운 도전의 계기이며, 꼭 이겨 낼 것이라고 외친다.

책을 읽다 말고 밑줄도 모자라 혼자서 책 속의 박사님께 박수를 마구 쳐 드렸다. 이 책으로 인해 비슷한 경험으로 힘들어하고 있을 또 다른 그 누군가가 반드시 희망을 찾을 것이라고 믿어 의심치 않기에 더 큰 찬사를 보낸다.

장애인들에겐 '용기를 잃지 말라'느니, '열심히 살라'느니, 하는 도

덕적인 메시지보다 더 중요한 것은, 장애인들이 이 세상 속으로 들어오게끔 만들어 주는 것이다. 이를 위한 현실적인 행동이 절실히 필요하다. 진심으로 타인을 이해하려고 하거든, 우산을 씌워주지 말고, 함께 비를 맞아 그 무게를 느껴보라는 말이 있듯이 장애인들도 비장애인들과 똑같은 인격체로 존중해 주어야 하며, 그들과 고통을 같이 나누어야 한다.

그는 목 아래로는 아무런 감각을 느끼지 못한다고 한다. "나는 주사를 맞아도 통증이 없다. 내가 잠든 사이 누가 내 다리를 잘라간다 해도 나는 느끼지 못할 것이다"라고 말하는 저자는, 가장 연약한 모습으로 가장 큰 감동을 주는 분이다. 신체적인 장애를 뛰어넘어 인간이 얼마만큼 강해질 수 있는지를 그의 생애를 통해 충분히 엿볼 수가 있었다.

이상묵 교수는 장애인들에게 마치 내 편에 서 있는 든든한 변호사처럼 그들의 이야기를 들어 주고, 그들에게 다시금 '희망'의 끈을 동여매고 앞으로 전진하도록 해주는 진정한 동반자라는 생각이 든다.

삶은 매 순간 신성하다. 나는 항상 이런 생각을 한다. 사고를 통해 장애를 입었지만, 다시 재개해 활동을 하는데 필요한 최소의 부분은 하늘이 가져가지 않았고, 나는 언제나 운이 좋았다. 지금도 예전과 마찬가지로 나는 하늘이 내린 행운을 누리고 있다.

책 읽기의 시작

프랑스에는 '읽기와 읽히기'라는 모임이 있다고 한다. 프랑스 동부 지역에서는 초등학생들에게 독서 지도를 하고 있는 엘리안 프랑스와 씨Eliane Francois, 79세는 조제트 에티엔느 씨Josette Etienne, 61세와 함께 매주 화요일이면 초등학교 저학년 교실을 찾아가 책을 읽어준다고 한다.

그들의 친근한 목소리를 통해서, 잠자는 거인이 깨어나고, 호랑이와 사자가 친구가 되고, 마법에 걸린 개구리가 왕자로 변하고, 양탄자를 탄 왕자가 하늘을 날기도 한다. 그럴 때마다 아이들은 숨을 죽인 채 동화 속으로 빨려 들어가 반짝이는 눈으로 책 속을 여행한다고 한다. 에티엔느는 "나는 2차대전 중에 어머니의 무릎에서 읽어주는 이야기책을 통해 독서에 맛을 들였다"라고 말한다. '프랑스와'와 '에티엔느' 두 사람은 어린이들에게 독서의 즐거움을 안겨주자는 운동을 펼치는 시민단체인 '읽기와 읽히기Lire et faire lire'의 자원봉사자들이라고 한다.

현재, 프랑스 전역의 2,000여 개의 초등학교가 '읽기와 읽히기'

의 할아버지 할머니로부터 봉사를 받는다. 학교 측은 교실 수업 수준과 내용에 맞도록 책을 제공하고, 학생들은 2~5명씩 소그룹으로 나누어 대화식의 독서지도가 이루어진다. 참으로 이상적인 독서지도 방법 중 하나라고 생각한다.

이러한 정보를 접하면서 번쩍 뇌리를 스치는 것이 있었다. 자원봉사도 좋겠지만, 노인들에게 이 일거리를 제공하면 얼마나 좋을까? 하는 생각이다. 노인 인구가 급증하면서 노인 범죄도 늘어나고 있다는 기사를 본 적이 있다. 자칫 나쁜 방향으로 현혹될 수도 있고, 의욕이 상실될 수 있는 그들에게 제2의 인생의 장을 열 기회가 되리라 본다. 물론, 그 일을 희망하는 사람에게는 적당한 교육(가벼운 독서지도 교육)을 받게 한 후에, 일하도록 해야 한다. 아이들에게는 새로운 책 읽기의 장을 여는 계기가 될 터이니, 이야말로 일석이조가 아닐까 싶다. 시대는 바뀌어도 옛날이야기의 전달자는 변함없이 할아버지 할머니의 다정하고 구수한 목소리인 것 같다.

사실, 나는 아이가 배 속에 있을 때부터 동화책을 읽어주었다. 한글을 익히기도 전에 '책 읽기'를 시작하는 것은 조금 이른 듯하지만, '책 읽기'의 시작은 빠를수록 좋다. 창작동화, 전래동화, 과학동화, 자연동화, 수학동화, 애니메이션, 이솝우화, 위인전기에 이르기까지 다양한 책들을 접해 주었다. 물려받은 낡은 책도 있었고, 헌책방을 이용할 때도 있었고, 전집을 사기도 하였다. 어쨌거나 책 읽기에는 나름대로 투자(시간, 책값)하였다. 그것이 돈으로도 대신할 수 없는 아주 중요한 일이라 여겼기 때문이다.

한글을 조금씩 익혀갈 무렵에는 아이 한바닥 엄마 한바닥을 정해 가며 '책 읽기'를 하였다. 아이가 읽을 차례가 되면, 좀 더듬거려도 열심히 읽는 모습이 대견스러워 아낌없이 칭찬을 쏟아부었다. 그 덕택이었는지 책을 꼭 읽어야 한다는 부담감에 사로잡히지 않았고, 굳이 강요하지 않아도 아이는 스스로 책을 가까이하게 되었다.

유아일 경우에는 그림이 70~80%를 차지하고 글자가 30~40% 인 책을 접하게 해주면 거부감 없이 책과 친해질 수 있다. 초등학생으로 갈수록 차차 글자의 비율을 늘려가야 하며, 고학년이 될수록 인물 중심의 위인전기나 성장소설 등으로 문학적 경험을 쌓게 해주어야 한다. 이를 통해서 사고력을 키우고, 정보를 추론하는 능력을 길러야 한다. 또한, 언어능력 향상은 물론이고, 다양한 분야(수학, 과학, 미술 등)에도 흥미를 느끼도록 해야 한다.

독서 후에 느낌이나 생각을 정리해서 써 보는 것도 확산적인 사고를 기르기에 탁월한 방법이지만, 무리한 요구를 하면 오히려 반감을 살 수도 있다. 그 이전에 반드시 책을 읽어야 하는 동기를 부여하여 책과 친해지는 것이 우선되어야 한다. 어떠한 성공한 사람들의 흔적을 엿보아도 책을 멀리한 사람은 없었다는 것을 스스로 터득하게 해야 한다.

　엄마, 아빠 또는 할아버지, 할머니의 따뜻한 목소리로 책을 읽어
주는 것은, 정서적으로 안정될 뿐만 아니라, 한창 자라나는 아이들
의 인성 발달에도 커다란 도움이 된다. 시작이 반이다. 오늘 당장
시작해 보자. 지금부터라도 '책 읽기(독서)'의 중요성을 인지하고,
아이와 함께 동화책을 펼쳐보는 것이 어떨까?

나를 창의적인 전문가로 키우는 법

-'구본형 초청세미나'를 듣고,

나는 죽을 때까지 현역으로 일을 할 것입니다. 글을 쓰다 죽을 것입니다. 누군가 강연을 부탁하면 언제고 내가 가진 가장 아름다운 타이를 골라 매고, 가장 좋은 양복을 입고 그들을 만날 것입니다. 좀 소란스럽기는 하겠지만 강연을 하다 죽는 것도 꽤 괜찮은 일이라 생각합니다. 사는 동안 퇴직은 없습니다. 죽음이 곧 퇴직입니다. 죽을 때까지 현역일 수 있는 힘은 바로 전문성에서 나옵니다.

시작부터 예사롭지 않다. 그에게 힘껏 배우고 싶은 욕망이 솟아올랐다. 이렇게 멋스러운 말로 강의를 시작하시는 구본형 님은 경남일보 '카네기 최고경영자 과정' 수강생 모두의 시선을 사로잡기에 충분해 보였다. 수많은 사람이 강당에 모였음에도 숨소리조차도 흡수해 버릴 듯 무섭도록 고요하기만 하였다. 단지, 조용하지만 카리스마가 느껴지는 그의 음성만이 강의실 구석구석을 일깨웠다.

그는 자신이 다른 사람을 바꾸는 데 지식과 힘을 썼지만, 정작 자기 자신은 바꾸지를 못했다는 것을 깨달았다. 스스로를 혁명하기 위해 20년이나 몸담은 IBM사를 나와서 지리산 아래 유점마을로 가한 달 동안 단식을 했다. 결국 13kg의 몸무게를 줄이며 먼저 몸을 바꾸는 데 성공했다. 단식으로 인한 배고픔으로 매일 새벽 4시면 눈이 떠졌다. 그는 일어나자마자 물 한 잔을 마시고 2~3시간 정도는 책을 읽거나 글을 쓰면서 하루를 시작하였다. 이렇게 작가의 길을 가리라는 깨달음을 얻었던 그 당시 그의 나이가 43세였다고 하니, 무엇을 하기에 늦은 나이는 없을 것 같다는 생각이 든다.

언제나 '창의적인 전문가'로 가는 꿈을 그리고, 그 꿈을 쓰다듬고 이를 위해 차근차근 노력하다 보면 실제로 이루어진다는 것을 몸소 체험한 분이기에 더욱더 귀가 솔깃해졌다. 우리에게 10년 후의 꿈, '10대 풍광'을 작성해 보기를 권유했다. 즉, 2018년 10월 23일에 내 삶에 있어서 아름다운 10개의 장면을 상상해 보라는 것이다. 단, 이미 일어난 일인 것처럼 회고하면서 작성해야 한단다. 이미 일어났다고 생각하면 신기하게도 현실로 나타난다는 것이다. 그리하여, 나의 창의성과 장점을 스스로 발견하고 내가 나를 키워나가야 한다는 것을 강조하셨다. 지금은 급변하는 시대이며, 인재 전쟁War for Talent의 시대임과 동시에 지식의 사회이다. 매일의 시간 속에 자신이 원하는 것에 할애하고 투자하여야 한다. 주식이나 땅에 투자하다 보면 손해를 볼 수도 있지만, 자신에게 투자하면 절대로 밑지는 일은 없다고 하였다.

보통의 리더leader는 그저 말을 하고, 좋은 리더는 설명을 하고, 훌륭한 리더는 스스로 모범을 보이고, 위대한 리더는 영감을 준다고 한다. 그 리더, 즉 스승을 가장 욕보이는 제자는 스승의 그늘에서 벗어나지 못하는 것이며, 스승을 가장 기쁘게 하는 제자는 스승을 뛰어넘어 스승의 이름을 빛내는 사람이라고 한다. 우리는 자녀에게 혹은 누군가에게 진정한 리더가 되어주고, 참된 역할의 모델이 되어주는 삶을 살아가야 하리라. 그러기 위해서는 자기 자신의 하루부터 개편을 시작해야 한다.

그리고 '죽음의 스피치'를 작성해 보라고 하였다. 내가 죽었다고 가정하자. 그런데, 딱 10분 동안 다시 살아날 기회를 준다면, 누구에게 무슨 말을 할 것인가를 작성하는 것이다. 가족 또는 친구나 스승에게도 좋다. 실제로 죽음의 스피치를 해 보면 많은 이들이 눈물을 흘린다고 한다. 대부분 아내나 부모에게 작성하는 경우가 많고, 이때에는 '더 넓은 아파트를 사겠다', '명동에 땅을 더 사겠다'라고 작성하는 이는 단 한 사람도 없단다. 그동안 상대에게 마음의 상처를 준 내용이나 더 잘해주지 못한 후회의 내용 등, 저마다의 가슴 깊은 곳에서 진심으로 건져 올린 내면의 이야기라고 한다. 우리는 죽음에 이르러서야 가장 소중한 것을 깨달으며 커다란 교훈을 얻는다는 것이다. 이외도 중용의 중요성에 대하여, 삶의 딜레마(갈등)에 대하여, 자녀교육에 대하여, 엔드 문화에 대하여도 궁금증을 해소해 주었다.

그는 현재 강연과 칼럼을 쓰며 활발한 저술 활동을 하고 있다. 그분의 명함에는 "어제보다 아름다워지려는 사람을 돕습니다"라고 적혀 있었다. 어제에 갇히지 않고, 오늘다운 생각과 행동을 시도하고 모색할 수 있도록 조직과 개인을 돕는 일이 직업이란다. 10년 동안 100명의 변화경영 연구원들을 양성하고, 500명의 꿈벗 커뮤니티를 구성하였고, 1992년에는 한국능률협회로부터 제1회 '경영혁신대상' 개인 공로자상을 수상하기도 하였다고 한다.

그분의 강의에 몰입해 보고 나니, 기업의 CEO들이 뽑은 최고의 변화경영이론가이며, 직장인이 가장 만나고 싶어 하는 강연가 1순위에 선정된 이유를 단번에 알 수가 있었다. 당신 같은 한국인이 더 많아지기를 소망해 본다. 남편에게 아이들 저녁까지 부탁하고 여기에 와 앉아 있는 이 시간이 헛되지 않게 해 주어서 감사하는 마음이다. 내일은 그분을 만나러 갈 것이다. 서점에 들러 그분의 저서(『익숙한 것과의 결별』, 『마흔세 살에 다시 시작하다』, 『그대 스스로를 고용하라』, 『사람에게서 구하라』, 『낯선 곳에서의 아침』 등)를 구입할 작정이다. 책 속에서라도 구본형 님과의 더 진한 만남을 상상하니 나의 주말이 절로 행복해졌다.

꿈꾸는 시인

『꿈꾸는 시인』은 "태근 씨! 이 책 한번 읽어 봐요"라며 나태주 시인께서 선물해 주신 책의 제목이다. 나태주 시인께서는 요즘 한해 100회가 넘는 강연을 하며 스스로도 놀랍다는 말씀을 하셨다. 겨우 세 줄의 짧은 시, '풀꽃'이라는 시로 온 국민의 마음을 따뜻하게 어루만져 주었으며, 어린이와 어른 할 것 없이 이 시에 주목하고 열광하고 있음은 말하지 않아도 알 것이다. 그런 나태주 시인께서 시를 사랑하고 세상을 사랑하는 젊은 독자들에게 들려주는 이야기가 담긴 책이다. 시의 무궁무진한 세계가 이 책 속에서 펼쳐지고 있었다.

책의 첫 페이지부터 밑줄을 긋게 하였고 깊은 사색을 하게 만들었으며, 시를 어떻게 쓸 것인가? 다시 고민하게 만들었다. 이 책이 문예창작학과 석사 공부를 할 때 읽은 많은 책들보다 더 가슴에 와닿았다. 시를 쓰는 한 사람으로서 책장을 넘길 때마다 무엇인가 성숙하여 가는 기분이 들었고, 시와 좀 더 친해지는 느낌을 감출 수가 없었다. 한밤중에 책을 읽다가 덮어놓고 달빛을 불러들여 시를 습작해 보기도 하였다. 좀 서툰 언어들의 나열일지라도 시 쓰기에 대한 두려움이 하나둘 걷히기 시작하였다. 마치 햇빛에 구름이 걷히

듯 조금씩 햇살이 드리워지는 것만 같았다.

시인께서는 15세에 시인을 꿈꾸었고 26세에 시인으로 데뷔하였으며, 28세에 첫 시집을 내고 지금까지 35권의 시집을 냈다고 하니 가히 놀라웠다. 15세 때 시에 운명처럼 홀리면서 멀리 있는 것들이 그리웠고 헤어진 사람이 그리워서 길에서 만난 구름이며 산이며 꽃송이 하나까지 가슴에 메우며 그리움, 사랑, 기다림이 시를 쓰게 했다고 한다. 모름지기 시를 쓰는 사람은 부드러운 마음을 가져야 하며 겸손한 마음을 가져야 하고 마음의 문을 낮출 대로 낮추어야 밖에 있는 것들이 안으로 들어와 시를 쓰게 한다는 것이다. 시인은 혼자만의 힘으로 시를 쓰는 것이 아니라 가족, 동료, 친구나 이성의 도움, 특히 사랑하는 사람의 도움으로 시를 쓴다고 하였다. 그들의 목소리와 표정 그것이 시로 바뀌는 것이다. 그것이 시의 싹이며 줄기며 잎이며 또한 꽃이고 열매라고 하였다. 실제로 나태주 시인도 누군가를 애타게 사랑하면서 시를 썼다고 한다.

수많은 말 중에 내 가슴에 가장 파고든 말은 "시인은 곡비哭婢와 같은 사람이다"라는 말이다. 곡비는 옛날 상갓집에서 상주를 대신해서 울어주는 사람을 이르는 말인데, 시인은 곡비의 마음으로 세상 사람들의 슬픔과 고통을 대신해서 울어줄 수 있어야 한다고 했다. 시인은 힘든 이들의 마음을 위로해 주는 시를 쓰고, 감정적으로 힘들어하는 사람들에게 기쁨의 시로 희망과 용기를 북돋우는 시를 써 주어야 하며, 끝내는 그들에게 행복감에 이르게 해야 하는 막중한 임무를 가져야 한다는 것이다.

소설가, 수필가 등과 달리 시인에게만 집 가家 자가 붙지 않고 사람인人 자가 붙는 것은 이러한 연유라고 한다. 그러니까 시인은 인간답게 살아야 하는 인간의 본분을 한시도 잊어서는 아니 될 것이다. 수십 년 동안 시인을 꿈꾸며 수백 편의 설익은 풋과일 같은 시를 습작하고 있는 나에게 채찍으로 다가왔다. 열대야 현상이 지속되는 여름밤에 더위를 잊게 하는 책, 『꿈꾸는 시인』. 이 책을 품으며 또다시 꿈을 꾸며 시를 습작한다.

다시 읽는 무소유 無所有

나는 책을 빌려 읽기보다는 사서 읽는 편이다. 마음 가는 대로 문장에다 줄을 긋는 버릇도 있거니와 무엇보다도 다시 읽고 싶을 때, 애태우지 않고 언제든지 볼 수 있기 때문이다. 오늘은 책장에 착하게 앉아 있는 '법정' 스님의 책들과 재회해 본다. 이해인 수녀님의 글만큼이나 스님의 글을 좋아한다. 그중에서도 『홀로 사는 즐거움』과 『아름다운 마무리』라는 책과 만나면 적게 가지고도 멋지게 살 수 있음을 깨닫게 해주어 내면적인 풍요로움을 느낄 수 있다.

근래 스님의 대표작인 『무소유無所有』란 책은 실제 100만 원 이상의 고가에 거래되었고, 한 인터넷 서점의 헌책방에서도 최저 3만5천 원, 최고 30만 원까지 기록하고 있다고 한다. 어느 한 경매사이트에서는 경매가가 21억 원으로 치솟는 황당한 일까지 일어났다. 죽음 앞에서도 무소유의 정신을 실천하시는 스님의 유언에 따라 스님의 책이 절판되는 바람에 일어난 일이겠지만, 스님께서 이 현상을 보신다면 도대체 무어라고 말씀하시겠는가?

『무소유無所有』를 다시금 펼쳐보았다. 첫 장을 여니 "누군가가 빌려 가서 되돌려주지 않기에 '무소유'를 다시 소유하기 위하여 서점에 들러"라고 쓰여 있었다. '사랑이 머리에서 가슴으로 내려오는 데 70년이 걸렸다'라고 하시는 고 김수환 추기경께서도 이 책(무소유)만은 소유하고 싶었다는 그 마음과 당시에 책을 구입하던 내 마음과 같았을 터이다.

시험에 나올 것도 아닌데 별표까지 해 놓은 글귀들을 한 아름 보듬으니 안으로 은은한 기쁨이 잔잔하게 퍼져 온다.

이제부터 나는 하루에 한 가지씩 버려야겠다고 스스로 다짐을 했다. 인간의 역사는 어떻게 보면 소유사所有史처럼 느껴진다. 보다 많은 자기네 몫을 위해 끊임없이 싸우고 있다. 소유욕에는 한정도 없고 휴일도 없다. 그저 하나라도 더 많이 갖고자 하는 일념으로 출렁거리고 있다. 물건으로 성에 차질 않아서 사람까지도 소유하려고 든다. 그 사람이 제 뜻대로 되지 않을 경우는 끔찍한 비극도 불사하면서. "내게는 소유가 범죄처럼 생각된다." 그가 무엇인가를 갖는다면 같은 물건을 가지고자 하는 사람들이 똑같이 가질 수 있을 때 한한다는 것. 그러나 그것은 거의 불가능한 일이므로 자기 소유에 대해서 범죄처럼 자책하지 않을 수 없다는 것이다. 우리들의 소유 관념이 때로는 우리들을 눈멀게 한다. 그래서 자기의 분수까지도 돌볼 새 없이 들뜬다. 그러나 우리는 언젠가 한 번은 빈손으로 가야 한다. 내 이 육신마저 버리고 홀홀히 떠날 것이다. 크게 버리는 사람만이 크게 얻을 수 있다는 말이 있다. 물건으로 인해 마음을 상하고 있는 사람들에게는 한 번쯤 생각해 볼 말씀이다. 아무것도 갖지 않을 때 비로소 온 세상을 갖게 된다는 것은 무소유의 또 다른 의미이다.

생자필멸회자정리生者必滅 會者定離, 그런 것인 줄 뻔히 알면서도 노상 아쉽고 서운하게 들리는 말이다. 내 차례는 언제 어디서 할까 하고 생각하면 순간순간 허투루 살고 싶지 않다. 만나는 사람마다 따뜻한 눈길을 주고 싶다. 따뜻한 몇 마디가 지구를 행복하게 한다.

스님의 말씀으로 하루가 한없이 겸허해진다.

현시대에는 똑똑하고 영리한 국어, 영어, 수학 선생님은 많아도, 닮아가고 싶고, 꽁꽁 닫혀 있는 마음을 열어 주는 진정한 스승은 그다지 많지 않은 듯하다. 스님께서는 최고의 종교는 이웃과 나누는 것이라고 하였다. 종교를 떠나서 스님은 우리 모두의 스승이실 것이다. 스님은 떠났지만, 스님의 가르침은 영원히 살아서 우리네 가슴이 녹슬지 않게 해 주리라.

따뜻한 카리스마

이태백(20대 태반이 백수), 삼팔선(38세에 명예퇴직), 사오정(45세에 정년퇴직), 오륙도(56세까지 일하면 월급도둑)란 말을 농담처럼 주고받지만, 현재는 5%의 인재가 나머지 95%의 사람을 제치고 세상을 지배하는 시대가 되어버린 것을 부인할 수가 없을 것이다. 각 나라에서는 인재를 구하기 위하여 소리 없는 전쟁을 하고 있는지도 모른다. 글로벌 인재 시장에는 이미 학력, 나이, 인종의 경계가 파괴되었다. 어떠한 난황 속에서도 도전적이고 창조적이며 따뜻한 카리스마를 지닌 인재를 요구하는 시대가 온 것이라고 생각한다.

『따뜻한 카리스마』(이종선 저)를 꺼내 펼쳐본다. '카리스마'란 원래 신으로부터 특수한 능력을 부여받아서 기적을 베푸는 능력을 의미한다고 한다. 그렇다면 '따뜻한 카리스마'란 도대체 무엇인가? 한마디로 '싸우지 않고 이기는 힘'이라고 저자는 명쾌하게 정의하고 있었다. '따뜻한 카리스마'를 지닌 사람의 주변에는 어느새 사람들이 모여들 것이다. 어려운 상황에 부딪히더라도 당신을 믿고 따를 것이며 일이 훨씬 수월하게 진행됨을 스스로 느낄 수가 있을 것이다.

책 속으로 더 깊이 들어가니 '따뜻한 카리스마'를 지닌 수많은 리더와 만날 수가 있었다. 특히, 철의 여인으로 불리었던 영국의 마거릿 대처 총리는 여성으로 남성보다 섬세한 감성을 최대한 발휘하여 온 국민들의 마음을 사로잡았다고 한다. 1982년 아르헨티나와의 포클랜드 전쟁을 승리로 이끌었지만, 그 과정에서 250여 명의 영국군이 희생되었다. 대처 총리는 결코 승리에 만족하지 않았고, 그들의 죽음을 외면하지 않았다. 여름휴가를 반납하고 250여 명의 유가족들에게 친필의 편지를 썼다. 국가의 운명을 결정하는 수상으로서가 아니라 자식을 잃은 어머니의 심정으로 가장을 잃은 아내의 마음으로 돌아간 것이다. 통상적으로 기자회견과 서명만 인쇄하여 끝낼 수도 있는 일임에도 일일이 마음을 담아서 편지를 썼다고 한다. 이것이 바로 전형적인 '따뜻한 카리스마'이다. 어떻게 보면 사소한 것 같지만 결코 쉬운 일이 아님을 잘 안다. 이러한 '공감 능력'이야 말로 리더십의 완성이라고 할 수 있을 것이다. 공감은 마음을 여는 것만이 아니라 그 마음을 바로 실행하는 것이다.

위기의 순간에 함께하는 리더로서의 모습은 비단 전쟁터가 아닌 회사나 가정에서도 얼마든지 보여줄 수 있다. 예를 들어 억대 연봉, 헤드헌팅 업계의 최초 여성 CEO이며 '유앤파트너즈'의 대표인 유순신은 도전적인 창의력에 따뜻한 여성성까지 겸비한 리더이다. 그녀는 회사에 근무할 때도 상사가 100을 지시하면 언제나 120%의 일을 해냈다. 이 때문에 사내에서 어려운 프로젝트가 생기면 "유순신에게 부탁하면 될 거야"라는 말을 하였다. '헤드헌팅'이라는 조금 생소한 그녀의 일은 사람을 대하고 인재를 파악하는 일이다. 그녀는 섬세한 직관과 논리적 이성을 바탕으로 진심을 다해 사람을 대하고 알맞은 인재를 적재적소에 배치하였다. 또한, 별의별 루머와 시련이 있을 때도 낙심하지 않았고 '내가 게을러졌나 보다' 하고 생각하며 일에 더 매진하였다고 한다. 이러한 모습들이 중도에 사라지지 않고 오늘의 그녀를 있게 한 밑거름이 되었으리라 여겨진다.

토끼는 귀를 잡아야 하고, 고양이는 목덜미를 잡아야 하며 사람은 마음을 사로잡아야 한다고 하였다. 반드시 그 사람과 함께 하고 싶다면 그의 몸을 곁에 두려고 하지 말고 그 마음을 곁에 두려고 해야 할 것이다. 책을 통해 열정적인 저자의 경험을 간접적이지만 느껴보았다. 이처럼 저자의 지식을 나누고 보니 사람에 대한 애정만이 진정한 리더의 시작이고 끝임을 통감하게 되었다.

멀리 가려면 함께 가라

『멀리 가려면 함께 가라』도 앞에서 소개한 『따뜻한 카리스마』와 함께 이종선 님의 책이다. '세상을 내 편으로 만든 사람들의 비밀' 이라고 쓰인 표지가 나를 유혹했다. 그녀는 삼성경제연구소에서 커뮤니케이션 분야의 최고 강사로 선정된 적이 있는 이미지 설계전문가다. 지난 2004년에 그녀를 만나게 되었다. 그녀의 책『따뜻한 카리스마』를 통해 알게 되었지만 그 책만 곁에 두어도 왠지 모르게 마음이 든든해졌다. 그녀의 책은 망설임 없이 사서 읽는다. 특히 『혼자 밥 먹지 마라』라는 책은 여러 권을 사서 지인들과 나누기도 하였다. 커리어 우먼처럼 강하면서도 단정하며 내면의 깊이가 있는 그녀의 이미지는 같은 여자로서 닮고 싶고, 만약에 내가 남자라면 이상형으로 여길 만한 여인의 모습이다.

따뜻한 카리스마에서는 "당신은 아직도 강해야만 성공한다고 생각하는가? 온유하고 차분하면서 인간적이면 성공하기는커녕 사람들 사이에서 치인다고 생각하는가?"라는 질문을 던진다. 카리스마는 원래 신으로부터 특수한 능력을 부여받아서 기적을 베푸는 능력을 의미한다고 한다. 현대적인 의미의 카리스마는 피지배자들의

'자발적인 신뢰'가 전제되어야 한다. 그렇다면 '따뜻한 카리스마'란 도대체 무엇이란 말인가? 한마디로 '싸우지 않고 이기는 힘'을 의미한다고 책에는 정의되어 있었다.

또다시 내 마음을 사로잡으며 오랫동안 함께 하고픈 책 『멀리 가려면 함께 가라』와 만났다. 120페이지에 보면 이런 내용이 있다. 저자는 밥값을 내겠다는 상대방을 이기고 밥값을 계산하였다. 그러고 "이 돈을 부의금으로 내지 않게 해주어 고마워"라고 말하였다. 곁에 살아 있어 주어서 고맙고, 내가 사는 밥을 먹어 주어서 고맙다는 말이다. 이런 멋진 인사법은 어느 경지쯤 가면 할 수 있는 것인지 그 누군가에게 꼭 한 번 써먹어야겠다는 생각이 들었다.

'사람이 스트레스라고 생각하는 사람들에게'라는 소제목의 글을 읽고 또 읽으며 자신을 돌아보았다. 요즘 많은 사람이, 특히 백화점이나 대형 할인점 등에 일하는 근로자들이 '감정노동Emotional Labor', 고객의 감정에 맞추려고 자신의 감정을 억누르거나 억제하는 것)에 시달리고 있으며, 육체노동 이상으로 병들어 가고 있다는 내용이다. 전문가들은 감정노동의 우울 수준을 감소시키기 위해서는 노동자들의 복지향상과 스트레스 감소 프로그램 개발을 권고한다. 그러나 또 하나의 과제는 나 때문에 생기는 타인의 감정노동지수를 낮추어 주는 것이다. 당신 때문에 스트레스를 받는 사람이 더 많을 수도 있다는 것이다. 남을 탓하기 전에 자기 모습을 살펴볼 일이다. 직장이나 가정에서 감정노동에서 완전히 벗어날 수는 없지만, 줄일 수는 있다고 하였다. 그 시작은 바로 그 누구도 아닌 나 자신이라는 것이다. 자기 일에만 열중하느라고 짐을 든 노인에게 비키라고 빵빵대며 달려가는 사람은 절대 빨리 갈 수 없다.

　아무리 멋지게 차려입어도 청소하는 환경미화원 옆에 담배꽁초를 던지는 사람이라면 악취가 날 것이다. 이메일과 문자로 의사전달을 하는 세상일지라도 인사한 줄 없이 모임 공지글에 '참석'이라는 단어만 달랑 보내면 일이 힘겨워질 것이다. 사람과 사람 사이의 최소한의 인사와 소통은 이루어져야 하지 않겠는가? 아프리카 속담 중에 이런 말이 있다. "빨리 가려면 혼자 가라. 그러나 멀리 가려면 함께 가라" 이 말이 우리의 삶에도 최선의 답이라고 저자는 말하고 있다. 우리는 현재를 살면서 '멀리 가려면 누구와 함께 갈 것인가?'를 생각해 볼 필요가 있다.

몸값 경제학

-당신의 몸값은?

 '지금, 당신의 몸값은 얼마라고 생각하십니까?'라는 질문을 받았을 때 한 치의 망설임 없이 대답할 수 있는 사람이 과연 몇 명이나 될까? 물론 어떻게 보면 비인간적인 질문일 수도 있겠지만 한 번쯤 자신을 향해 던져 볼 만한 질문이 아닐까 싶다.

 『몸값 경제학』(이채윤 저)이란 책의 표지에 있는 이 질문을 접했을 때 사람의 가치를 돈으로 매기는 것 같아 살짝 거부반응이 생겼다. 이 책에는 시사 주간지인 '시사저널'이 각계각층에서 활약하는 사람들을 대상으로 몸값(?) 순위 10위권에 드는 사람을 조사한 자료가 있었다. 1위 배우 배용준 432억 원, 2위 삼성전자 윤종용 부회장 253억 원, 3위 가수 보아 183억 원, 4위 가수 비 150억 원, 5위 삼성전자 이기태 기술총괄 부회장 141억 6천만 원의 순위로 되어 있었다. 이 책이 2008년도에 출판된 책이므로 현재의 통계와는 다를 것이다. 10위 안에는 연예인이 많지만, 연예인은 100명이 데뷔하면 한 명도 스타 반열에 오르기가 힘들다고 한다. 이 때문에 요즘 사회를 '승자독식사회', 즉 1등만 기억하는 잘못된 사회라고 한다. 그러나 이것이 현실임을 직시해야 한다.

이번 동계올림픽에서 세계 신기록 경신으로 금메달을 획득하고 세계를 깜짝 놀라게 하면서, 온 국민에게 기쁨의 눈물을 흘리게 한 피겨 여왕 '김연아'의 몸값(?) 역시 승승장구할 것이다. 이처럼 한 사람의 인재가 하나의 기업체와 같이 외화를 벌어들이고 수십만 명을 먹여 살리는 시대가 이미 도래하였다.

책은 세계적인 영화감독 '스티븐 스필버그', 일본에서 경영의 신이라 불리며 존경받는 기업인 '마쓰시타 고노스케', 뉴스채널 CNN 창설자 '테드 터너', 20살에 마이크로소프트사를 창업하고 수십 년째 미국 최고의 갑부 자리를 차지하고 있는 '빌 게이츠', 그리고 우리나라 기업인이며 뛰어난 창의력으로 한강의 기적을 이룬 한국 기업을 대표하는 현대건설 '정주영' 회장 등을 통해서 성공의 길을 따라가는 방법들을 제시하고 있다.

알고 보면 그들처럼 성공을 거두기란 하늘의 별 따기보다 어려운 것이라고 한다. 책 속을 자세히 보면 그들에게는 한 가지의 공통점이 있다. 하나같이 목표를 달성하고자 하는 의욕이 남달리 강했다는 점을 발견할 수 있다.

성공하고 싶다면 첫째, 목표를 찾아야 한다. 그 목표는 되도록 구체적이어야 하며, 자기 내면의 부름에 순응해야 한다. 즉, 이 세상에서 내가 가장 좋아하고 하고 싶은 것이 무엇인지, 꼭 해야만 할 일이 무엇인지를 내면을 통해서 찾아내어 이 본질적인 것을 바탕으로 목표를 짜야 한다는 것이다. 둘째, 포기하는 것을 배워야 한다. 꼭 내가 하지 않아도 되는 일은 과감하게 버려야 한다. 나보다 잘하는 사람이 할 수 있도록 말이다. 너무 많은 목표를 세우면 목표에 도달하기 전에 에너지가 소모되어 버린다. 한 가지만 월등하게 잘하면 열 가지는 저절로 따라온다고 한다. 셋째, 근면해야 한다. 명석한 두뇌를 가졌더라도 게으름을 피우면 소용이 없다. 끊임없이 목표를 향해 근면 성실하게 노력해야 한다. 넷째는 자신의 결점을 알아야 한다. 아무리 뛰어난 사람도 단점은 있는 법이다. 자신의 주인이 되려면 자신을 정확하게 볼 줄 알아야 한다.

목표 없이는 절대로 성공의 길에 도달할 수가 없다. 각자 자신의 미래 명함(목표)을 만들어 가끔 꺼내 보면서 10년, 20년, 30년 후의 자신의 모습을 생생하게 그려보아야 한다. 그리하여 매 순간 최선을 다하여 자신의 가치를 스스로 높여야 하리라. 몸값(?)은 이에 비례하는 것이기에.

불량품

2011년의 끝자락에 부부 동반 모임이 있어서 창원으로 갔다. 모처럼 창원 도시를 누비며 추운 줄도 모르고 즐거운 시간을 보냈다. 서로 바쁘게 살다가 오랜만에 만나도 자주 본 듯한 가족 같은 사람들이다. 분명 전생에 무슨 인연이 있었나 보다. 그런데 너무 많이 먹은 탓인지 아니면 남편을 믿고 살짝 과하게 섭취한 알코올이 문제였는지 새벽에 배가 아파서 잠을 이룰 수가 없었다. 아마도 체한 것 같았다. 일요일이라 병원에 가기가 뭐해서 까스활명수 한 병을 원샷하고 소화제를 먹었다. 그러고는 따뜻한 방바닥에 배를 붙이고 책 여행을 떠났다. 정용철 님의 『불량품』이라는 책을 펼쳤다. 아픔을 말끔히 잊을 정도로 책은 매력적이었다.

『불량품』에는 삶의 지혜가 가득한 아름다운 시가 주렁주렁 열려서 순박한 농부가 대풍년 농사를 지어놓고 우리를 기다리는 것만 같았다. 글 속으로 들어가 보니 작가가 시골에서 자랐다는 것도 알 수 있었다. 천진난만하고 순수한 어린 시절과 변화를 생각하며 하루하루 꽃을 피우는 마음으로 살아가는 작가의 현재 모습이 속살 비치듯 훤히 보였다. 아쉬운 듯 천천히 책장을 넘기며 밑줄을 그었다. 밑줄 긋는 습관이 있는 나였지만 이렇게 통째로 밑줄을 긋기는 처음이다. 공감이 가는 예쁜 시와 만나니 쉬이 책장을 넘기지 못하고 한참을 시구에 매달려 있었다. '나도 이런 좋은 글을 쓰고 싶다'면서 작가에게 응석을 부려보기도 하였다. '불량품'이라는 시는 외워버렸다. 마지막 연에서는 "불량품인데도 내가 이렇게 당당한 것은 그들의 사랑 때문입니다"라고 말한다. 스스로를 자주 삐걱거리고 흔들리는 불량품이라고 당당하게 고백하는 착한 시라고 생각한다. 이 시는 부드러운 회초리가 되어 나를 번쩍 내리쳤다.

도종환 시인은 이 책『불량품』의 추천사에 이렇게 말하고 있다.

쉬운 글이 좋은 글입니다. 정갈한 글이 좋은 글입니다. 삶의 냄새가 나는 글이 좋은 글입니다. 고개를 끄덕이게 하는 글이 좋은 글입니다. 그런 글이 명품 글입니다. 정용철 님의 글이 그렇습니다.

『불량품』을 명품이라고 하는 도종환 시인의 말씀에 온전히 공감한다.

65쪽에 있는 「바보같이」란 시는 추억에 젖게 하며 인간 내면의 모습을 잘 살려 놓았다. 조금 더 지나서 80쪽으로 가면 「아버지의 일기」라는 글이 있다. 50년 이상 일기를 쓴 아버지의 일기장 한 부분이 옮겨져 있었다. 소리가 나는 그대로 쓴 글자가 정겨웠다. 그 일생의 현실, 하루하루가 다 펼쳐져 진한 부정을 느낄 수가 있었다. 218쪽에 있는 「작은 고장」이라는 시 역시 삶의 지혜가 알차게 영글어 있었다. 문장에 거창한 꾸밈이 없고 화려한 수식어가 없는데도 나를 이토록 사로잡는 이유는 무엇일까? 「오늘의 사랑」이라는 시에 풍덩 빠져서 일기장을 꺼내 한 자 한 자 따라 써 본다.

오늘의 사랑

정용철

오늘 해가 지기 전에 해야 할 일이 있다
오늘 분의 사랑을 다 쓰는 것이다

남기지 말고
고이게 하지도 말자
쌓지도 말자

여기저기 다 사용한 빈 가슴으로
자리에 눕자

밤새 샘물처럼 차오를
새날, 그 사랑을 기다리며

시가 마음을 만지다

『시가 마음을 만지다』는 내가 진정으로 좋아하는 책이다. 시 치유
사이며 심리상담사인 최영아 님이 전하는 마음 치유 에세이다. 이
책을 내가 아는 모든 이들에게 권하고 싶다. 아니 전 국민에게 한
권씩 선물하고 싶은 책이다. 마치 내가 하고 싶었던 말을 대신해 주
는 것만 같고 내 마음을 그대로 대변해 주는 것 같다. 언젠가 이 책
을 누군가에게 빌려주었는데 다시 돌아오지 않았다. 이런 경우가
종종 있었지만 굳이 이 책을 돌려받으려고 애쓰지 않았다. 다시 되
돌려주고 싶지 않을 정도로 그만큼 품고 싶은 책이라는 뜻으로 여
겨져 그냥 두었다. 고백하건대 나도 그런 마음으로 돌려주지 않은
책이 몇 권 있다. 나는 돌려받지 못한 책 중 세 권을 사 와서 밤새
진한 데이트를 즐겼다.

맨 먼저 『시가 마음을 만지다』를 펼쳤다. 세 번을 읽어도 끌리는
매력적인 책이다. 습관처럼 밑줄을 그었다. 몸의 운동보다 마음의
운동이 더 필요한 나에게 그 욕구를 채워주었고 공허한 이내 마음
을 마사지해 주었다. 사람의 마음에는 누구에게나 구멍이 뚫려 있
다고 한다. 사람들은 그 구멍을 메우려고 사람이 아닌 것들과 관계

를 맺기도 한다. 게임이나 술, 담배, 도벽과 관계를 맺게 되면서 그 구멍이 메워지기는커녕 점점 더 커지는 경우를 보게 된다. 그러다 보면 우울증에 빠지기도 한다.

책 83쪽에 우울증 내용이 나온다. 우울증은 영어로 depression 인데 '밑으로 내려가고 처진다'라는 뜻이다. 기분이 가라앉으면서 전체적인 생명의 기운도 함께 가라앉게 되는 것이다. 이 우울한 기분에 생기를 불어넣고 바닥에 깔린 에너지를 끌어 올릴 수 있는 것이 바로 목소리다. 소리를 내어 자신의 마음을 표현하는 것, 그것이야말로 안개에 가려진 어두운 환상에서 벗어나 구체적인 삶의 현장으로 뛰어드는 가장 효과적인 방법이다. 감정을 억누른 채 소리를 죽이고 살다 보면 자신도 모르게 어두운 현실과 미래를 그리게 된다. 본래의 불안정한 정서가 무의식 속에 남아 있어 비슷한 성향의 나쁜 기운을 끌어당기기 때문이다. 자화상이 어두워지면 타인과의 관계도 어두워지기 시작한다. 말하기 싫으므로 의사소통도 꺼려지고 자연히 사람들을 피하면서 항상 우울한 쪽으로 상황을 몰고 가게 되는 것이다.

나는 이쯤에서 시낭송을 권하고 싶다. 내가 좋아한다는 이유만은 아니다. 시낭송이 우울한 사람은 그 마음속 깊은 우물에서 벗어나게 할 것이며, 우울하지 않은 사람들도 더 행복한 마음을 느끼며 살아갈 수 있게 만들어 줄 것이다. 저자 또한 다음과 같이 말하고 있다.

그동안 쏟아 내지 못한 수많은 말들이 내면에 차곡차곡 쌓여 있었다. 그런 내게 시낭송은 눈부신 '부활'의 시간을 선사했다. 큰 목소리로 시낭송을 하며 내 목소리에 귀를 기울이게 되었고 내 마음을 옮겨 놓은 듯한 시와 만나면 단단하게 꼬여 있던 감정의 매듭들이 스르르 녹아내렸다.

이 책의 저자께서 내 마음에 들어와 봤을까? 내가 하고 싶은 말을 그대로 해주고 있는 것이 놀라웠다.

이 책에는 서른일곱 편의 주옥같은 시가 들어 있다. 저자의 말처럼 가슴과 가슴을 맞대고 시를 읽어보며 삶의 무게를 다독여 보자. 다산 정약용이 말하기를 "사람이 글을 쓰는 것은 나무에 꽃이 피는 것과 같다"고 하였다. 그렇다면 시낭송은 그 꽃의 향기를 전하는 것이 아니겠는가. 이제 처서가 지나니 시원한 바람이 불어온다. 바야흐로 독서의 계절이 되었다. 어서 이 책과 만나서 스스로의 마음을 토닥토닥 어루만져 주자. 내면에 잠자는 감성을 깨워서 한 편의 시를 낭송해 보는 가을을 만들었으면 좋겠다.

주식회사 장성군

-생쇼 하며 살자, 오늘 꿈을 이룬 것처럼 웃자

몇 년 전 교육열이 남다르신 교장 선생님의 권유로 『주식회사 장성군』이란 책을 읽었다. 장성군수와 공무원들의 개혁을 다룬 그 책을 혼자 공유하기 아까워서 산청을 이끌어 나가는 몇 분께 감히 선사하기도 하였다.

책을 읽으면서 장성군의 여러 가지 변화 중에서도 제일 부러웠던 것은 바로 교육 분야였다. 장성군을 공무원들이 경영하는 주식회사로 여기는 마인드부터가 '블루오션' 그 자체였다. 특히, 중국에는 '만리장성' 한국에는 '장성아카데미'라고 불리도록 교육에 집중적으로 투자하였다. 장성군수는 교육예산만큼은 한 푼도 깎지 않도록 의회에 강력하게 설득하였다.

처음엔 장성군 공무원들이 나서서 각계각층의 전문가들에게 강의 좀 해달라고 직접 찾아다니며 부탁하였고, 그럴 때면, "거기가 어디냐고?" 되물었다고 한다. 하지만 지금은 최고의 실력을 인정받은 강사들이 장성아카데미에서 강의하고자 줄을 선다고 한다. 더러는 강사료를 한 푼도 받지 않는 강사들도 있다고 하였다. 이젠 장성군의 강의를 거쳐야 뜬다는 말이 나올 정도라니 한마디로 장성 사람들은 콤플렉스에서 탈출하였고, 지층의 두께를 뚫고 나온 것이다. 세상을 움직이는 것은 사람이지만 사람을 움직이는 것은 교육이란 말을 실감 나게 하였다.

산청군에서도 군민 교양강좌가 늘어나고 있다. '2009년 12월 16일 군민 교양강좌'라는 플랜카드를 보기만 하여도 내 마음이 뿌듯하였다. 1부 강좌는 웃음연구소를 10년째 운영해 오고 있는 이요섭 소장께서, 2부에서는 홍혜걸 박사가 건강관리(심혈관질환)에 대한 강의를 하였다. 나는 웃음 치료 강좌는 이미 몇 차례 들었기에 식상하지 않을까 살짝 염려되었다. 하지만, 시작부터 기분(기의 분포도)이 좋아지는 웃음으로 진행되었고, 이곳에 오지 않았다면 얼마나 후회했을까 싶었다. 실제로 웃어보니 10초 동안 웃기도 어려웠다. 아이는 하루 400회를 웃는 데 비해 어른은 7회 정도 웃는다고 하였다. 그중에서도 3회 정도는 비웃음이라고 하니 의도적으로라도 웃어야 하지 않겠는가?

매일 아침에 15초 정도만 웃어도 이틀씩 수명이 연장되고, 보약 10첩을 먹는 것보다 효과가 좋다고 하셨다. 웃음은 지구상에서 가장 행복한 말이며, 지구상에서 존재하는 최고의 유산소 운동이라고 소개하였다. 이요섭 소장은 병원에 근무하면서 10만 명이 넘는 암 환자를 웃음으로 치료하였고, 더 많은 후계자를 양성하여 모든 사람들이 웃음으로 행복해지고 건강하게 살도록 하는 것이 꿈이라고 하였다. 참으로 멋진 꿈을 가졌다는 생각이 들었다.

방귀를 소리내어 뀌는 사람에게는 "건강관리를 참으로 잘하고 계시는군요"라고 칭찬해 주고, 밀리는 도로에서 끼어드는 차량을 향해서는 "어서 오십시오"라며 웃어주라고 하셨다. 한 달만 마음먹고 실천해 보면 부정적인 말을 사용하지 않는 자신에게 스스로 놀랄 것이라고 하였다.

웃음은 다음과 같이 알려주며 실천할 것을 강조하였다.

① 일단은 웃고, ② 이왕이면 웃고, ③ 삼척동자처럼 웃고,
④ 사랑하며 웃고, ⑤ 오늘 꿈을 이룬 것처럼 웃자

또한, 웃음은 크게 웃되 길게(10초 이상) 웃고, 온몸으로 웃으라고 강조하며, 박장대소하며 포복절도, 요절복통하면 근육을 움직이게 하여 실제로 운동이 된다고 하였다. 그 때문에 웃음은 비가 오나 눈이 오나 마음만 먹으면 할 수 있는 운동이라고 하였다. 우리의 인생은 매 순간이 축제이자 소풍이라시며 천상병 시인의 「귀천」이란 시와 지은이는 모르겠지만, 이 시를 낭송해 주시며 강의를 접었다.

나 시인이라면 그대에게 한 편의 시를 드리리

나 목동이라면 그대에게 한잔의 우유를 드리리

그러나 나 사람이기에 그대에게 드릴 것은 사랑과 웃음뿐이니라

  강사님께서 어찌나 실천을 강조하시든지 집에 돌아와서 두 아이에게 적용해 보았다. 아침에 눈을 뜨면 맨 먼저 욕조에 있는 거울 앞으로 가서 그 속에 비친 자신을 향해서 "나는 멋진 사람이다. 좋은 일만 가득 생길 것이다. 나는 행복하다"라고 말하면서 10초 정도 억지로라도 웃어보라고 하였다. 아이들이 생각보다 잘 응해 주었다. 그 실천이 삼 일째 지속되는 날 아침에 변화가 생겼다. 깨울 때마다 더 자고 싶어서 짜증을 내던 딸아이가 일어나기가 무섭게 오빠에게 말했다. "오빠야! 생쇼 하러 가자!"고 하는 것이었다. 그 때문에 아침부터 박가네에는 꽃 중의 꽃인 웃음꽃이 활짝 피었다.

우뇌가 희망이다

한 권의 좋은 책을 쓰기 위해서는 백 권 이상의 책과 만나야 한다고 하였다. 또한, 한 권의 좋은 책과 만남은 가장 위대한 사람과의 만남이라고 했다. 얼마 전에 이시형 박사의 강의를 들으며, 메모해 두었던 책『우뇌가 희망이다』와의 만남이 내게 그러하였다.

이시형 박사는 강의할 때 언어 톤이 변화가 없기에 편안하게 경청할 수가 있다. 하지만 편안히 들되 절대로 한마디도 놓쳐서는 안 된다. 그분의 강의와 책을 통해서 얻은 깨달음으로 나 자신의 삶을 재조명해 볼 수가 있었다. 이시형 박사의 수많은 저서 중에서『공부하는 독종이 살아남는다』라는 책에서 내 눈과 마음을 잡아끄는 내용이 있어 여기 소개한다.

공부는 영어단어나 상식을 하나 더 외워서 얻는 공부가 아니라 불확실성 시대에 스스로 미래를 이끌기 위해서는 무엇이든 '공부'해서 '창재創材', 즉 창조적인 인재가 되어야 한다. 공부를 무조건 열심히 해야 한다는 생각은 버리고, 우선 공부를 관장하는 우리의 뇌를 먼저 알고 공부해야 한다. 무엇이든 오래 하

려면 먼저 습관으로 만들어서 그것이 몸에 익숙해지도록 해야
한다. 뇌는 뭔가를 달성할 때 즐거움을 느낀다. 이때, 우리 뇌는
그 기분 좋은 상태를 유지하기 위해 도파민, 세로토닌 등의 쾌
락 보수 물질을 방출한다. 뇌가 우리에게 푸짐한 상을 주는 것
이다. 이 과정이 반복되면 습관이 된다. 이런 현상을 뇌 과학에
서는 '강화학습'이라고 한다. 공부해서 하나를 알면 기분 좋은
보상을 해주고, 그러면 다시 보상받기 위해 공부를 더 하게 되
는 현상이다. 이 간단한 뇌의 원리를 활용하면 공부는 습관처
럼 할 수 있게 된다.

이 책『우뇌가 희망이다』를 탐독해 보면 단락마다 우리나라 대한민
국에 대하여 심사숙고한 흔적이 역력하고, 심도 있는 연구를 거듭한
냄새가 물씬 풍긴다. 물론, 나아갈 방향까지 제시해 놓았기에 현대
를 살아가는 우리가 5쪽부터 326쪽까지 한 번쯤 공부하듯이 읽어낸
다면, 우리의 미래를 엿봄과 동시에 사고의 살이 찌리라 여겨진다.

책 속을 잘 들여다보면 다음과 같은 내용이 주를 이룬다.

우리나라는 40년 만에 GNP를 400배나 올린 기적의 나라다.
더구나 전쟁이 휩쓸고 간 폐허에 추위와 굶주림에 시달려 본
전쟁 세대로선 도저히 스스로가 믿기지 않는 일이다. 그 괴력
의 힘(원천)은 과연 어디서 온 것일까? 결론은 대체로 우리의

민족성이 우수하다는 것이다. 그 우수성에 대한 학술적 논거를 찾기가 힘이 든다고 하지만, 근년에 발달한 최신 뇌 과학적 지식을 동원해 그 신비의 힘을 분석해 보면, 우리 민족은 유사 이래 무속적 심성을 바탕으로 하고 있으며, 두뇌 사용에서는 우뇌 우위형임을 입증하고 있다. 물론 한국에서도 좌뇌형 혹은 전뇌형인 사람도 많다. 하지만, 사회 심리적 배경으로 볼 때 우뇌형 사회이다. 우뇌형 인간이 많은 사회는 기업도 창의력, 유연성, 직원 간의 정서적 유대를 강조하고, 신명만 나면 폭발적인 에너지를 분출시킬 수 있다는 것이다. 하지만, 경제위기 이후 삐걱거리고 있는 것은 사실이다. 세기가 바뀌면서 세계는 과학 기술 시대에서 문화의 시대로 바뀌고 있다. 문화가 없는 상품은 팔리지도 않을 것이다. 이 문화의 동력 역시 우뇌다. 우뇌라면 이 역시 한국이다. 우뇌력右腦力 이것이 우리의 힘이요, 함정이요, 그리고 희망이다.

이시형 박사의 글을 두서없이 건져내 보았지만, 의도하는 바를 하나라도 더 전달하고픈 지나친 내 과욕으로 글이 엉성하기만 한 것 같아 안타까운 마음만 커진다. 어쨌거나, '우뇌형 사회'를 강조하는 이유를 책을 통해서 더욱더 실감하게 되었고, 나의 미래, 가족의 미래, 나아가 대한민국의 미래를 다시금 고민해 보는 기회가 되었다.

이 책을 여행하고 나니, 가을걷이를 끝낸 농부인 양 마음이 마냥 풍요로워진다.

일념통천 一念通天

조금 이른 출근을 하니, 책상 위에 얌전히 앉아서 나를 기다리고 있는 소포가 보였다. 아마 책인 듯하다. 산청에서 태어나 지금은, 경기도에 거주하는 지인으로부터 대한민국 우표의 힘으로 여기 산청까지 날아온 것이다. 어찌나 기쁘던지 가슴에 그 소포를 한참을 품고 있었다.

신충행 작가(아동문학가)가 직접 집필한 책『울 엄마의 마지막 선물』을 퇴근하자마자 급하게 읽어 내려갔다. 중간에 책을 덮어놓고 터져버린 눈물샘을 수습하였다. 동화책을 보면서 울어보긴『가시고기』이후론 첨인 듯하다. 사람들은 누구나 크고 작은 이별로 남몰래 가슴 아파하며 살아가겠지만, 어디 엄마를 하늘나라로 떠나보내야만 하는 슬픔과 견줄 수 있겠는가? 그것도 열한 살의 나이에….

또 한 권의 책『꿈꾸는 다락방』(이지성 저)을 연이어 읽고 작가에게 감사의 마음이 들 만큼 큰 감명을 받았다. 감명이 깊은 나머지 이 책의 값진 내용들을 알리고 싶은 서툰 열정이 마구 생겨났다. 다음에 그 내용을 소개해 본다.

"생생하게vivid 꿈꾸면dream 이루어진다realization."

『꿈꾸는 다락방』은 이 말처럼 소망이 이루어진 모습을 생생하게 꿈꾸며 글로 적으면 이루어진다는 R=VD 기법을 다룬 책이다. 이 기법을 이용해서 꿈을 이룬 대표적인 사람들이 나온다. 미국 건국의 아버지 조지 워싱턴, 천만 달러의 출연료를 받았던 배우 이소룡, 최고의 밴드 비틀즈, 월 매출 10억 엔을 이루어낸 이나모리 가즈오, 그리고, 회사를 수조 원대 규모의 재산 가치를 지닌 기업으로 성장시킨 손정의 등등이다. 이들의 성공 비결은, 꿈을 글로 적으면서 VD 기법을 적용하였다.

좀 더 상세히 말하자면 다음과 같다.

① 꿈의 노트를 작성한다.
② 50가지든 100가지든 자신의 꿈을 상세하게 적는다.
③ 적은 내용을 소리 내어 읽으면서 꿈이 이루어진 모습을 생생하게 그려본다.

그 누구에게도 방해받지 않는 다락방 같은 곳에서 세상에서 가장 편안한 자세로 매일 온 마음을 다해 진지하게 염원하여야 한다. 이를 반복하고 최선을 다해 꿈을 이루려고 노력한다면, 반드시 그 꿈을 이루어 낼 수가 있다. 이미 괴테가 말했듯이 꿈꿀 수 있는 것은 무엇이든 이룰 수 있다.

또 다른 방법은, 자신이 닮고 싶은 인물을 찾아내어 상상의 멘토(MENTOR: 지혜와 신뢰를 바탕으로 누군가의 삶의 모범이 되는 것, 즉 스승이 될 만한 사람)로 정해서 VD 하는 습관을 지니는 것이다.

① 당신이 멘토로 삼고 싶은 인물을 정하라. 세상을 떠난 사람이든 살아 있는 사람이든 상관없다.

② 멘토를 만나서 어떻게 인사할 것인지, 어떤 대화를 나눌 것인지, 어떤 조언을 구할 것인지 등을 종이에 기록하라. 정신의 영화관에서 사용할 대본을 만들라는 말이다.

③ 매일 시간을 내서 정신의 영화관에 입장하라. 멘토를 초대하여 대화를 나누어라.

④ 완벽한 영화가 만들어질 때까지 대본을 수정하고 다시 상영하는 일을 반복하라.

처음엔 뜬구름 잡는 것처럼 여겨질 것이고, 눈에 보이지 않는 것을 믿기란 좀처럼 어려울 것이다. 하지만, 어느 정도 시간이 지나면, 놀라운 일을 경험하게 될 것이다. 상상의 멘토가 살아 움직이는 것을 느낄 것이다. 그가 적극적으로 당신의 말을 듣고, 당신에게 최고의 선물을 할 것이다. 괴테뿐만 아니라, 아인슈타인 같은 천재들도 이 기법을 사용했다고 한다.

이제 당신의 차례이다. 이렇게도 무한한 지혜를 담은 책을 읽는 동안은 첫사랑을 만나기라도 한 듯 내내 긴장이 되었다. 이 나이에도 다시금 나를 설렘 속에서 꿈꾸게 하였다. 바로 이것이 책의 힘이 아니겠는가?

신안 서실을 다니면서 사자소학의 의미를 알아가는 재미에 푹 빠져 있었을 때, 기록해 놓았던 사자성어의 의미와 이 책의 내용이 일맥상통하는 듯하다. 일념통천一念通天, 직역하면, '한 가지 생각으로 하늘의 뜻에 통한다'라는 뜻이다. 결국, '마음으로 간절히 염원하면 어떠한 꿈이든지 이룰 수가 있다'라는 점에서 그 의미가 일맥상통하다. 꿈이 중요하다는 걸 안다면 우리 아이들도 '공부에 밝은' 아이가 아니라 '꿈에 밝은' 아이로 성장시켜야 할 것이다.

2년이 넘게, 아들의 책상에 붙여놓았던 '지지자 불여호지자, 호지자 불여락지자'知之者는 不如好之者요, 好之者는 不如樂之者니라, 도를 알기만 하는 자는 좋아하는 자만 못 하고, 좋아하는 자는 즐기는 자만 못 하다는 글귀를 바꾸어 주고 싶다. 일념통천一念通天으로.

줬으면 그만이지

『줬으면 그만이지』는 김주완 작가가 쓴 책이다. 이 책은 김주완 작가가 오랫동안 아름다운 부자 김장하 선생님을 취재하여 '어른 김장하 선생'의 보석 같은 삶을 기록한 책이다. 지인의 권유로 '줬으면 그만이지 북 콘서트'에 가서 이 책을 만났다.

나는 자본주의 계산법에 연연하지 않고 시낭송 문화를 뿌리내리는 일에 내 삶에 가치를 두고 15여 년을 열심히 뛰었다. 그러나 수도 없이 흔들렸다. '흔들리는 모든 것은 아름답다'라고 스스로 위로해 보아도 불면의 밤은 이어졌고 몸도 마음도 아팠다. 이처럼 삶의 방향을 잃고 주저앉아 있을 때 이 책이 나를 일으켜 세웠다. 밤새 밑줄을 그으며 감동의 눈물을 흘리며 읽었다. 가까운 진주에 이런 어른이 계신다는 것이 얼마나 감사한 일인가? 얼마나 큰 축복인가? 존경심을 넘어 경이로웠다.

김장하 어른은 19세 때 한약업사 자격증을 취득하여 고향 사천에서 한약방을 하다가 진주로 이사하여 남성당 한약방을 50년간 운영하시며 번 돈으로 어려운 이들에게 수많은 기부를 하였다. 100

억 원이 넘는 돈을 들여 세운 명신고등학교를 국가에 헌납하였고, 30억 원이 넘는 재산을 모 대학에 기증하였으며 1,000명이 넘는 형편이 어려운 학생들에게 남몰래 장학금을 주며 길을 열어 주었고 진주의 인권단체들을 도와주었다. 자신처럼 가난 때문에 하고 싶은 일을 할 수 없는 사람들을 아무런 조건 없이 꿈을 이루도록 도왔다. 언제 가장 행복했느냐는 질문에 "베푸니 하루하루가 행복했다"라고 말씀하신다. 그렇게 베풀면서도 정작 자신은 승용차도 가지지 않았다. 바쁘면 택시를 타고 평소엔 걸어 다니거나 자전거를 이용하며 아주 검소하게 살고 있었다. 세상에 이렇게 많이 베푸는 분이 진주에 계신다는 것도 놀라운 일인데 더 놀라운 것은 절대로 드러내지 않는다는 것이었다. 북 콘서트에도 많은 권유에도 나타나지 않아서 김장하 선생님을 뵐 수가 없었다.

이 책은 여는 말부터 눈을 뗄 수 없었다. 202쪽에 앉은 글에 밑줄을 그으며 다시 눈물이 났다. 341쪽에 멈추어서 선생님의 어록을 주문처럼 몇 번이나 소리를 내어 읽었다. 김장하 선생님의 이런 철학이 대가없는 나눔을 실천하는 삶의 원동력이 되지 않았을까 싶다. "줬으면 그만이지 뭘 칭찬을 바라는가?"라는 말씀이 나를 한없이 부끄럽게 하였다. 열 개를 주었으면 한 개라도 되돌려받으려 은근히 바랐고 애써 무슨 일을 추진하고 나면 칭찬을 듣고 싶어 하는 나를 후려쳤다. 나는 줬으면 그만이 아니었고 지금도 무엇을 바라는 나를 돌아보니 깊은 성찰이 일어났다. 작기만 한 내 마음의 평수를 조금은 넓혀야겠다.

미담을 다 나열할 수 없으니 내가 만나는 사람들에게 이 책을 필독하기를 권하고 고마운 사람들에게 선물하고 있다. 능력이 된다면 내가 아는 이들 모두에게 한 권씩 선물하고 싶다. 정말로 국민 필독도서가 되었으면 좋겠다. 나도 "뭐 필요한 것이 없느냐"라고 묻는 어른이 되어야겠다. 감히 김장하 선생님의 선한 영향력을 닮고 싶다. 아름다운 선생님의 그림자의 그림자라도 밟으며 집착 없이 베푸는 삶을 살아가고 싶은 새로운 꿈이 생겼다.

나는 돈을 많이 가지지 못하였기에 물질적인 기부보다는 내가 가진 최고의 것, 시낭송을 세상과 나누며 사회에 선순환이 일게 하려고 애쓰고 있다. 그러다가 딜레마에 빠져 헤매었는데 이 책을 읽고 다시 용기가 생겼다. 이젠 내가 주었으면 조금이라도 바라는 마음을 버리도록 힘껏 노력해야겠다. 은근히 대가를 바라는 그 마음 때문에 무수히 흔들리고 아팠다는 것을 이제야 겨우 깨우쳤다.
"줬으면 그만이지 무엇을 바라는가?"

못 가본 길이 더 아름답다

책 읽는 즐거움은 나만의 특권인 양 누리지만 요즘에는 새로운 일터에서 일을 익히고 있는 터라 그 낙樂을 여유롭게 만끽하지 못한다. 모든 것을 뒤로하고 책장에서 내 손길을 목 놓아 기다리고 있는 책『못 가본 길이 더 아름답다』(박완서 저)에 살며시 손을 내밀어 본다. 무심해서 미안하다고 가슴에 폭신하게 안아주었다. 세대를 뛰어넘는 '시대의 이야기꾼'이라는 찬사를 받는 박완서 작가가 등단 40주년을 맞이하여 그것도 여든의 나이에 쓴 산문이라 서점으로 달려가 내가 먼저 만나보고 싶었다. 그 전에 이내 맘을 읽어낸 벗이 이 책을 선물해 주었다. 벗은 처음 해 보는 일로 힘들겠지만 이 책으로 위로를 받고 힘내라고 하였다. 이런 벗 한 사람과 같은 하늘 아래 발 담그고 있음에 감사할 따름이다. 책 선물에 이토록 기뻐하는 내가 받는 것에 익숙해지려는 속물은 아닌지 움찔 자신을 돌아본다.

『못 가본 길이 더 아름답다』를 읽으니 마치 막힘없이 흘러가는 강물처럼 작가의 노련한 감성이 묻어나오듯 하였다. 하지만 은근슬쩍 현재 사회에 대한 비판과 성찰을 불러오기도 하였다. 김수환 추기경, 박경리 작가, 박수근 화백 등 먼저 떠난 사람들을 떠올리며 그들에 대한 가슴 찡한 그리움도 시원스럽게 털어놓았다.

시를 만나면 막힌 말꼬리가 거짓말처럼 풀릴 때가 있다면서 다 된 문장에 꼭 들어가야 할 말을 못 찾을 때도 시를 읽으며 단어 하나를 꿔오기도 하며 슬쩍 베끼기도 한다고 하였다. 이 솔직함에 순식간에 이내 공감대를 끌어내었다. 정신이 무디어져 있을 때도, 나이 드는 게 쓸쓸하고 무서울 때도, 이제 죽어도 여한이 없겠다고 생각하면서도 내년에 뿌릴 꽃씨를 받는 자신이 측은해서 시를 읽는다고 하였다. 그러면서 마당 있는 집에서 손수 풀을 뽑으며 자연의 경이로움에 감탄하며 간혹 영화관을 찾기도 하며 글쓰기를 멈추지 않는다고 하였다. 작가는 여든의 나이에도 새로운 일을 찾으라 하시는데 그 반 조금 더 되는 인생이 무엇이 늦었다고 운운하며 두려워하겠는가?

지난주에는 내가 몸담은 어린이집 아이들과 수업 주제인 '지구와 우주'에 대하여 이야기를 나누었다. 우리가 살고 있는 지구의 친구들은 태양, 수성, 목성, 금성 등등의 별들이 있다고 설명해 주었다. 요즘에는 환경오염으로 인해서 지구가 아파하니까 아프지 않도록 우리 동네 쓰레기 줍기 체험을 하자고 했다. 두 줄로 서서 쫑알쫑알 노래도 부르며 쓰레기를 두 봉지나 주웠다. 돌아오는 길에 "우리가 쓰레기를 이만큼 주웠으니까 지구가 아플까요? 안 아플까요?"라며 물었더니 "안 아파요"라고 똑똑하게 대답했다. 그런데 한 아이가 "선생님!" 하고 불렀다. "왜 그래요?" 했더니 "근데요, 지구가 누구예요?" 하는 것이었다. 순간 참지 못한 웃음이 왕창 입 밖으로 탈출해 버렸다. 지극히 5살 다운 질문이라고 생각하면서도 자꾸만 웃는 나를 아이들은 동그란 눈으로 쳐다보았다. 이 얼마나 순수하고 예쁜 질문인가?

　다른 이들보다 늦은 나이에 시작한 일이라 육신도 지치고 아침에 출근하여 해가 지면 퇴근을 하니 가족들에게도 미안하고 무엇보다도 취미활동을 할 시간이 전혀 허락되지 않으니 이내 마음도 갈증이 느껴진다. 하지만 지금의 생활이 재미있고 그다지 나쁘지만은 않다. 나보다는 한 수 위의 사람으로 보이는 정말로 천사 같은 그곳 선생님들로부터 하나라도 더 배우고 탐구하리라. 그리하여 꿈나무들에게 최선을 다하여 사랑과 감동을 느끼게 하고 싶다. 지금 걸어가는 길이 매끈한 아스팔트가 아닌 조금 미끄러운 길일지라도 차근차근 신중하게 걸어가 보리라. 이 길이 생애 처음 가는 보람된 길이라고 믿기에.

친구가 되어주실래요

『친구가 되어주실래요』는 감동 휴먼 다큐 영화 '울지마 톤즈'의 주인공인 이태석 신부의 아프리카 이야기가 담긴 책이다. 지인으로부터 빌린 책이기에 눈물이 활자를 적시지 않게 하려고 책을 읽다가 몇 번을 덮어놓고 눈물을 닦아내야 했다. 신부님의 큰 사랑과 나눔의 삶은 인간의 한계를 뛰어넘고도 남았다. 이 책『친구가 되어주실래요』는 종교를 떠나서 이내 온 가슴을 통째로 뒤흔들어 버렸다.

이태석 신부는 살레시오회 수도 사제로, 가장 가난한 땅 남아프리카 수단의 '톤즈'라는 곳에서 내전으로 고통받는 주민들과 함께 지내시다가 2010년 1월 14일, 대장암으로 인해 48세의 나이에 짧은 생애를 마쳤다. 하지만 신부님은 인간의 한계를 뛰어넘어 너무나 많은 일을 하셨다.

책을 펼치면 수단의 어느 어린이의 사진과 함께 이런 글귀가 나온다.

수단에는 한국에선 볼 수 없는 정말 아름다운 것 두 가지가
있는데, 그중의 하나는 너무나 많아 금방이라도 쏟아져 내릴

것 같은 밤하늘의 무수한 별들이고, 다른 하나는 손만 대면 금방 톡 하고 터질 것 같은 투명하고 순수한 이곳 아이들의 눈망울이다. 아이들의 눈망울을 보고 있으면 너무 커서 왠지 슬퍼지기도 하지만, 너무 아름다운 것을 볼 때 흘러나오는 감탄사 같은 것이 마음속에서 연발됨을 느낄 수가 있다.

신부님은 사랑을 전하는 사제로, 온갖 질병을 치료하는 의사로, 아이들을 가르치는 교사로 8년을 수단에서 봉사하며 사랑을 몸소 실천하셨다. 그뿐만 아니라 배울 곳이 없는 아이들에게 학교를 지어주며 꿈을 심어 주었고, 발의 형체가 이미 일그러진 한센병 환자들과 맨발의 아이들에게 일일이 발 모양을 손수 본떠서 세상에서 단 하나뿐인 신발을 만들어 주었으며, 35인조 브라스밴드를 만들어 음악을 통해 아이들에게 희망을 싹트게 하였다. 신부님은 가난한 톤즈 아이들에게 아버지였고, 의사였고, 선생님이었고, 지휘자인 동시에 따뜻한 친구였다.

전쟁과 가난에 찌든 수단의 아이들은 어른들의 '총'과 '칼'을 녹여서 '악기'를 만들고 싶다고 하였다. 커가면서 가장 닮고 싶은 인물이 이태석 신부님이라고 하였고, 장래 희망을 물어보면 하나같이 "불쌍한 사람을 치료해주고 돕는 의사가 되고 싶다"고 하였다.

신부님은 "불편함은 충분히 참고 견딜 만한 가치가 있는 것"이라며 참되고 투명한 외적인 삶을 통해서 내적인 성장을 가져와야 하며, '마음의 신분증'을 가져야 한다며 '영혼의 전문가'가 되라고 하였다. 세상을 살면서 나와 너의 만남은 영혼과 영혼이 만나는 엄숙한 순간들이기에 큰 잔치를 벌여도 부족할 판인데 왜 그렇게 미워하고 시기하고 비방하여 가치 없는 순간으로 전락시켜 버리는지 정말 모를 일이라고 하였다. 그러면서 "만나는 사람마다 최선을 다해서 대화하고 사랑하다 보면 언젠가는 우리도 영혼의 전문가가 될 수 있지 않을까?"라고 한다.

신묘년 새해에는 수단의 아이들은 아니더라도 어려운 이웃을 위해, 작게는 내가 몸담은 어린이집 아이들을 더 사랑하고 조금이라도 더 도움이 되어 주어야겠다. '보다 많이 가지게 해 달라'는 기도 대신 '보다 적게 가지게 해 달라'는 신부님의 기도 앞에 숙연해지는 새벽이다.

다음 날, 이 책을 아들의 책상 위에 슬그머니 올려놓았더니 밤에 잠도 안 자고 읽고 있었다. 내가 의도한 바가 굳이 말로 하지 않아도 이루어진 셈이다. 신부님의 삶을 다룬 다큐멘터리 영화가 〈울지마 톤즈〉라는 제목으로 상영 중이라고 한다. 조만간 영화 〈울지마 톤즈〉 속으로 풍덩 빠져들고 싶다.

혼魂, 창創, 통通

얼마 전에 어느 신문 문화면에서 혼, 창, 통과 만나게 되었다. 모 단체의 운동선수들이 '혼魂, 창創, 통通'이라는 커다란 플랜카드를 운동장에 걸어 놓고 훈련하는 모습의 사진과 함께 말이다. 기사 내용을 읽어 본 후에야 이는 책의 제목임을 알 수가 있었다. 그 후 반드시 내 호주머니의 돈으로 이 책을 사서 읽어야겠다고 마음을 먹었다. 그러던 찰나에 존경하는 선배가 그 책을 소유하고 있는 것을 보았다. 선배는 선뜻 자신도 아직 읽지 않은 따끈따끈한 새 책을 흔쾌히 빌려주었다.

『혼창통 당신은 이 셋을 가졌는가?』(이지훈 저)는 홍보된 내용처럼 살아 펄떡이는 사례들과 세계적 대가들의 황금 같은 메시지가 저장되어 있었다. 혼魂, 창創, 통通은 조직의 운영원리이기도 하지만 우리네 삶의 운영원리이기도 하다고 저자는 말하고 있다.

혼魂, 창創, 통通을 책에 준하여 그 의미를 새겨 보려고 한다. 큰뜻을 세우고(혼), 늘 새로워지려고 노력하며(창), 물 흐르듯이 소통하라(통)는 뜻이다. 조금 더 상세하게 풀어보면, 혼魂은 사람을 움직이는 힘이다. '내가 왜 여기에 왔는가?'라는 물음의 과정이다. 혼은 개인을 뛰어넘는 대의大義이다. 창創은 혼을 노력과 근성으로 치환하는 과정이다. 창은 매일 새로워지는 일이다. 창은 익숙한 것과의 싸움이다. 통通은 큰 뜻을 공유하는 일이다. 통은 상대를 이해하고 인정하는 일이다. 통은 마음을 열고 서로의 차이를 존중하는 일이다.

특히, 책의 99쪽의 내용은 내 시선을 한동안 고정시켜 버렸다. 혼에 관한 내용이었다.

> 기업이 조직원의 마음을 움직이는 데 혼이 필요한 것처럼, 기업이 소비자의 마음을 움직이는데도 혼이 필요하다. 필립 코틀러 교수는 마케팅에도 혼이 매우 중요한 시대가 됐다고 강조한다. 이른바 '마케팅 3.0'이다. 마케팅 1.0, 즉 초창기의 마케팅은 소비자의 '머리'에 호소하는 방식이었다. 세제회사가 있다고 가정하자. '우리 회사의 세제는 세탁력이 아주 뛰어나다'라고 광고했다. 여기서 한발 나아가 마케팅 2.0은 '감성'을 자극하는 방식이었다. '이 브랜드를 입으면 당신도 배용준 장동건이 될 수 있다'라는 메시지를 던지는 것이다. 마케팅 3.0은 사람들의 '영혼'에 호소하는 것이다. 환경에 신경을 쓰고, 사회에 좋은 일도 하는 회사라면 내게 특별히 무엇을 주지 않더라도 그냥 좋다. 이렇게 생각하는 것이 요즘 소비자들이다. 현명

한 기업들은 그런 소비자들에게 다가서고 있는데, 이것이 바
로 마케팅 3.0이다.

스티브 잡스는 창創, 즉 창조성이란 서로 다른 것들을 연결하는
것이라고 하였다. 과학자, 시인, 철학자, 건축가, 화가들이 서로 연
결됨으로써 창조적 성과가 창출되는 것이란다. 또한, 세상을 보다
좋은 곳으로 바꾸겠다는 혼을 공유하지 않은 조직에서는 통을 논할
수가 없다는 것이다. 통通은 남을 인정 해주며, 잘 들어주는 경청에
서 시작된다고 한다.

혼魂과 창創이 출발이라면 통通은 완성단계라고 보면 수월하게 이
해가 될 것이다. 아무리 현명한 경영전략이라도 직원과의 공감대가
없으면 총체적인 목표를 이루어 낼 수가 없고 공허한 울림이 될 뿐
이라며 통의 중요성을 강조하였다. '아픈 것은 통하지 않기 때문이
요, 아프지 않은 것은 통하기 때문이다.' 이 말을 곱씹어 본다. 살면
서 혼魂, 창創, 통通과 통한다면 만사萬事가 형통亨通할 것이다.

펴낸날 2025년 11월 20일

지은이 김태근
펴낸이 주계수 | **편집책임** 이슬기 | **꾸민이** 허유진

펴낸곳 도서출판 밥북 | **출판등록** 제 2018-000141 호
주소 서울특별시 마포구 양화로 156 LG팰리스빌딩 917호
전화 02-6925-0370 | **팩스** 02-6925-0380
홈페이지 www.bobbook.co.kr | **이메일** bobbook@hanmail.net

ISBN 979-11-7223-124-8 (03810)

※ 이 책은 산청군 문화예술진흥기금의 일부를 지원받아 발간되었습니다.